HR技能提升系列

行政管理

实操

从入门到精通

第 2 版

任康磊◎著

人民邮电出版社

北京

图书在版编目（ＣＩＰ）数据

行政管理实操从入门到精通 / 任康磊著. -- 2版
. -- 北京 : 人民邮电出版社，2022.5
　　（HR技能提升系列）
　　ISBN 978-7-115-58862-3

　　Ⅰ. ①行… Ⅱ. ①任… Ⅲ. ①行政管理 Ⅳ.
①D035

中国版本图书馆CIP数据核字(2022)第043040号

内 容 提 要

本书内容涵盖行政管理的关键知识点，将行政管理的方法论转化为容易上手操作的表单、图形、工具和模型，让方法论可视化、流程化、步骤化、模板化，通过大量的实务案例详细地呈现操作过程，从而能够有效指导读者做好行政管理工作。

本书分为11章，主要内容包括行政管理概述、印章证照管理、办公环境管理、员工食宿管理、企业会议管理、车辆物资管理、行政人事管理、安全保密管理、法律事务管理、企业文化管理和行政费用管理与分析。

本书案例丰富、模块完整、实操性强、通俗易懂，特别适合企业行政管理的各级从业人员、企业各级管理者、各高校行政管理或人力资源管理专业的学生、需要行政管理实战工具书的人员及其他对行政管理工作感兴趣的人员阅读使用。

◆ 著　　　　任康磊
　　责任编辑　马　霞
　　责任印制　周昇亮

◆ 人民邮电出版社出版发行　　北京市丰台区成寿寺路 11 号
　　邮编　100164　　电子邮件　315@ptpress.com.cn
　　网址　https://www.ptpress.com.cn
　　涿州市般润文化传播有限公司印刷

◆ 开本：700×1000　1/16
　　印张：15　　　　　　　　　　2022 年 5 月第 2 版
　　字数：269 千字　　　　　　　2025 年 9 月河北第 15 次印刷

定价：69.80 元

读者服务热线：(010) 81055296　印装质量热线：(010) 81055316
反盗版热线：(010) 81055315

曾经有一个从事行政管理工作的朋友向我诉苦，他说："我的部门在企业中很没有存在感，企业从高层到基层几乎都很容易忽视我的部门。"

我说："这不反而证明你的部门很好地完成了工作吗？"

他吃惊地看着我说："你是在开玩笑吧？没有存在感怎么能说明我们的工作做得好呢？"

我说："行政管理工作本身就应当'润物细无声'。行政管理部是企业的后台支持部门，很难像业务部门那样展示自己的成绩。很多时候，企业经营平稳，没有出现各类影响正常运营的问题，员工没有明显的不满意之处，这就是行政管理工作的成绩。如果行政管理人员每天都在处理应急问题，存在感特别强，反而说明平时的预防工作没做好，工作质量不稳定。"

鱼感觉不到水的存在，但水是鱼赖以生存的基本环境；人感觉不到空气的存在，但空气是人不可或缺的基本生存条件。不同的生物需要不同的生存环境支持，环境往往不容易被生存在其中的生物所感知，但这并不代表环境没有价值。

企业中的行政管理工作给企业全体员工创造了一种工作环境，让员工在这种工作环境中创造岗位应有的价值。如果没有工作环境的支持，员工很可能被各种因素拖累，无法把精力集中在工作上。

有一次我胃病发作，被迫放下手头的工作到医院检查。这时我才想起来，世界上有医院这样一种机构。当人们没有需求时，不会主动去医院；但当人们病了之后，第一时间想到的就是医院。医院就是一种平时没什么存在感，而且对于个体来说，希望它永远不要有存在感的机构。因为没人喜欢去医院看病。

企业中的行政管理部正是这样一种平时没什么存在感的机构。当企业正常运营时，很少有人会主动想起行政管理部的存在；但当办公室卫生差、食堂饭菜不好吃、住宿环境差、会议组织不力等问题出现时，就要找行政管理部了。

所以，不论是行政管理工作还是行政管理部，都是越没有存在感，反而证明工作做得越到位。当然，行政管理绝不是因为不做事才没有存在感的。正是因为行政管理人员做了大量的基础性工作，行政管理的根基稳固了，工作环境才不容易出现问题，才会达到这种没有存在感的境界。否则，行政管理工作人员则会天天"救火"，疲于应付各种突发状况。

在我的社群中，有人问过这样的问题：做行政管理工作的人员，就是文员吧？做行政管理没什么前途吧？年轻人不应该从事行政管理工作吧？

我认为这些都是对行政管理工作的误解。行政管理工作并不像表面上看起来那么简单，并不是没有技术含量的事务性工作，而是包含大量工作内容的管理工作。之所以有这样的偏见，是因为很多从事行政管理工作的人都是从基层开始做起，长期从事着大量事务性工作，没有感受过行政管理工作中偏管理的那一面。

实际上，正是行政管理工作中偏管理的那一面决定了事务性工作的内容；正是那些管理类工作决定了企业的工作环境会被塑造成什么形态；正是行政管理中的顶层决策和规范做法体现了行政管理在企业中的真正价值。

即使是文员，也因能力高低而有所区分。就像"九段秘书"，同样是秘书岗位，有的人月薪 5 000 元（一段秘书），有的人月薪 5 万元（九段秘书）。所以行政管理工作绝不是简单的工作，也绝不是没有前途的工作，更不是不值得年轻人从事的工作。

那么，同样的岗位，薪酬却不同，差距在哪里呢？

差距在于：行政管理工作的段位越高，越偏重于管理类工作，和企业的经营发展关系越紧密，价值越高；段位越低，越偏重于事务性工作，和企业的经营发展关系越疏远，价值越低。

那么，如何提高行政管理工作的段位呢？

针对如何做好行政管理工作，我总结了企业行政管理过程中能够用到的、价值较高或经常出现问题的关键点，形成本书。希望本书能够提升你的行政管理工作段位和价值，从而帮助你获得更好的职业发展。

随着政策的更新变化，本书迎来了第 1 次改版。本次改版修正的内容主要包括如下 2 点。

1. 增加了行政管理费用相关内容

随着市场竞争越来越激烈，企业利润率逐渐降低，粗放式的管理模式早已不再适合当代企业的需求。很多企业对成本管控的要求越来越高。对费用的预算、管理、控制和分析成为很多企业行政管理的重点。为此，本书增加了一章专门介绍这部分内容。

2. 增加一些前沿认知和案例

企业对行政管理的要求越来越高，如果只是把自己定位为做事务性工作的文员，将不再能满足企业的需要。行政管理人员要做好行政管理，就要主动思考，要具备战略思维，承接企业战略落地；要把自己作为产品经理，为企业提供有价值的产品和服务；要想着用户，满足用户的需求。同时，本次改版丰富了本书的案例。

基于以上两点，本书对个别章节的结构和内容做了调整，还对原书章节内容做了改写和升级，修正了个别表述方式。

最有效的学习是通过解决问题来学习。建议读者拿到本书后，不要马上从头看到尾，而是先带着问题，找出自己最薄弱的环节，查找本书中的操作方法，根据企业的实际状况，思考、制定、实施和复盘解决方案。

当具体的问题得到解决后，读者可以由问题点切入，查找知识点；由知识点延伸，找到流程线；由流程线拓展，发现操作面；由操作面升华，全面掌握整个行政管理的建设和实施方法。这时候再从整体出发，自上而下地看问题，又会有新的、更深刻的认识。

由于行政管理相关的法律、法规等政策文件具有时效性，本书的一切内容都是基于书稿完成时的相关政策来编写的。若政策有所变化，可能会带来一些操作方法上的变化。届时，请读者朋友们以最新的官方政策文件内容为准。

希望本书能够持续为各位读者朋友的行政管理实践提供帮助。

祝读者朋友们能够学以致用，更好地学习和工作。

本书若有不足之处，欢迎读者朋友们批评指正。

本书特色

1. 通俗易懂、案例丰富

读者拿到本书后能够看得懂、学得会、用得上。本书不仅知识点全面，而且包含丰富的实战案例，能够让读者朋友们快速掌握行政管理的操作方法，并能够有效地做好行政管理工作。

2. 上手迅速、模块完整

本书把大量复杂的理念转变成能在工作中直接应用的简单的工具和方法，并将这些工具和方法可视化、流程化、步骤化、模板化。即便是初学者也能够快速上手、开展工作。

3. 知识点足、实操性强

本书包含大量的行政管理知识点，知识点的选择立足于解决工作中的实际问题，尽量保证读者一书在手，从此行政管理无忧。

本书内容及体系结构

本书围绕企业行政管理过程中的核心管理领域、关键模块和经常出现问题的环节，总结出相应的工具和方法，按照如下结构呈现内容。

第1章　行政管理概述

本章分成3部分。第1部分主要对行政管理进行简介，包括行政管理的价值、原则和角色；第2部分主要介绍行政管理部的组织机构与职责，包括常见机构及其职责；第3部分主要介绍常见的行政管理岗位的职责，包括行政助理、档案管理和前台接待的岗位职责。

第2章　印章证照管理

本章分成两部分。第1部分主要介绍印章管理，包括印章的种类和用途、日常使用管理、借用和停用；第2部分主要介绍证照管理，包括证照种类、办理流程、建档管理、使用管理和年审变更。

第3章　办公环境管理

本章分成3部分。第1部分主要介绍环境秩序管理，包括公共区域管理、个人办公区域管理、办公秩序管理；第2部分主要介绍办公礼仪管理，包括日常办公礼仪、来访接待礼仪和电话接听礼仪；第3部分主要介绍办公现场5S管理，包括5S管理概述、要点和注意事项。

第4章　员工食宿管理

本章分成两部分。第1部分主要介绍食堂管理，包括食堂的日常管理、设备管理、原料管理、卫生管理、卫生检查、投诉管理和工作考核；第2部分主要介绍宿舍管理，包括宿舍盘点统计、员工住宿申请、宿舍管理办法、宿舍内部管理、宿舍检查整改、租房补贴管理、宿舍物品管理。

第5章　企业会议管理

本章分成4部分。第1部分主要介绍会议筹备管理，包括常见会议分类、会议制度建立、会议主题确认、会议经费预算和会场选择布置；第2部分主要介绍会议期间管理，包括会议签到准备、会议纪律管控和会议纪要管理；第3部分主要介绍会后管理，包括会后工作检查、会议质量评估；第4部分主要介绍远程会议管理，包括远程会议选择、远程会议注意事项。

第6章　车辆物资管理

本章分成两部分。第1部分主要介绍车辆管理，包括车辆管理职责、车辆信息登记、车辆保养维修、车辆使用申请、车辆使用统计、驾驶员的职责、驾驶员的考核、事故违章管理、车辆费用管理；第2部分主要介绍办公物资管理，包括办公物品台账、办公物品采购、办公物品保管、办公物品领用、物品使用维护、办公物品报废。

第7章　行政人事管理

本章分成3部分。第1部分主要介绍员工入职管理，包括岗位描述写法、电话面试话术、面试提问技巧、录用通知模板、未录用通知书、入职登记表单、员工入职流程、签订劳动合同、入职风险防控；第 2 部分主要介绍员工在职管理，包括新员工培训、人事档案接收、员工试用管理、员工转正管理、在职证明模板、收入证明模板、员工投诉处理；第 3 部分主要介绍员工离职管理，包括员工辞职申请、员工离职交接、劳动合同到期、员工退休操作、劝退和辞退员工的方法、经济性裁员、离职证明模板、人事档案转出。

第 8 章　安全保密管理

本章分成 4 部分。第 1 部分主要介绍消防安全管理，包括消防安全要求、防火工作重点、火灾危机处理；第 2 部分主要介绍日常安全管理，包括生产安全管理、资金安全管理、内外防盗管理；第 3 部分主要介绍保卫管理，包括保卫工作职责、考核标准和工资制度；第 4 部分主要介绍保密和信息安全管理，包括保密信息分类管理、保密管理的措施、网络数据信息安全、保密与竞业限制协议。

第 9 章　法律事务管理

本章分成 4 部分。第 1 部分主要对法律事务管理进行概述，包括法律事务工作范围、法律风险防控体系；第 2 部分主要介绍经济合同管理，包括经济合同的签审、内容、履行和纠纷；第 3 部分主要介绍内部法律事务，包括知识产权管理、员工违纪处理、劳动争议处理、劳动争议防控；第 4 部分主要介绍常见法务文书，包括起诉状、申诉状、反诉状、委托书、担保书。

第 10 章　企业文化管理

本章分成 3 部分。第 1 部分主要对企业文化进行概述，包括企业文化的作用、特征和种类；第 2 部分主要介绍企业文化建设，包括企业文化的保障、结构、提炼和设计；第 3 部分主要介绍企业文化内化，包括企业文化的内化分工、传播和推广。

第 11 章　行政费用管理与分析

本章分成两部分。第 1 部分主要介绍行政预算费用管理，包括行政预算费用的编制、执行、监控和分析；第 2 部分主要介绍行政费用的分析方法，包括工资福利费用、车辆油卡费用、办公用品费用、教育培训费用、业务招待费用、差旅会务费用、租赁物业费用、通信快递费用、服务外包费用和文化宣传费用的统计和分析。

本书读者对象

企业行政管理的各级从业人员；

企业各级管理者；

各高校行政管理或人力资源管理专业的学生；

需要行政管理实战工具书的人员；

其他对行政管理工作感兴趣的人员。

第 1 章　行政管理概述

第 2 章　印章证照管理

第3章 办公环境管理

第4章 员工食宿管理

第 5 章 企业会议管理

第6章　车辆物资管理

第 7 章　**行政人事管理**

第8章　安全保密管理

第 9 章　**法律事务管理**

第 10 章　**企业文化管理**

第 11 章　**行政费用管理与分析**

第 1 章

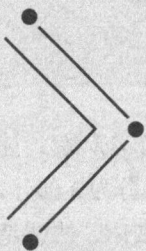

行政管理概述

　　许多人认为,行政管理工作就是琐碎的事务性工作,行政管理人员只要服从上级的安排,完成上级布置的工作就可以了,没有什么专业性可言。实际上,行政管理工作是企业经营管理的后台保障,影响着企业业务正常开展的效率。

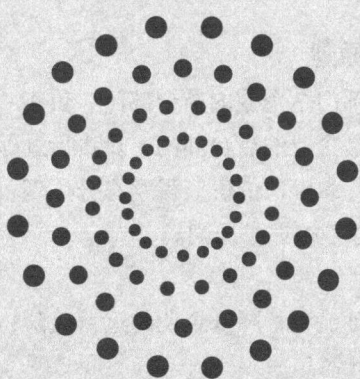

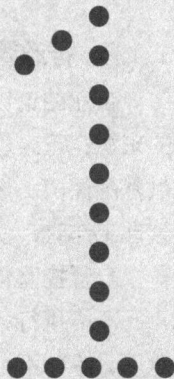

01

1.1　行政管理简介

行政管理工作的目的是保障企业内部信息的畅通，统筹行政事务，做好企业后台管理，控制行政费用，协助企业高层管理者制定并落实各项制度、流程和政策，协调并维护好企业内外部的关系。

1.1.1　行政管理的价值

行政管理工作存在的根本价值是为企业全体员工创造良好的工作环境，让员工更有效率地完成工作。行政管理的价值体现在功能上，可以细分为3部分，分别是管理、服务和协调。其中，管理是主要目的，服务是根本要求，协调是核心工作。

1. 管理

行政管理工作可以通过有效的组织、计划、监督和控制来对企业的人、财、事、物等进行统一管理，提升企业的组织能力和运营效率。

2. 服务

行政管理工作可以服务于企业的经营管理，服务于企业的各业务部门，为企业的经营和业务部门的发展提供支持与保障。

3. 协调

行政管理工作可以协调企业各部门之间的关系，推动和保证各部门的业务顺利有效地开展；也可以协调企业和外部机构之间的关系，保证企业的正常运行，保障企业的声誉，树立企业良好的社会形象。

1.1.2　行政管理的原则

企业的销售业务部门是企业的前台部门，负责"冲锋陷阵"，是企业利润的来源；行政管理部是企业的后台部门，负责后勤保障，为企业的运营安全提供基础保障。要保证行政管理的价值得到充分体现，行政管理人员在实施行政管理工作时，就要注意遵循如下原则。

1. 管控监督

严格执行各项制度流程，降低企业的运营风险；合理控制行政管理的各项费用，避免不必要的开销。

2. 服务至上

行政管理人员不能纸上谈兵，更不能空谈管理却不关注企业的业务发展。行政管理工作应当为业务部门提供强有力的行政支持和后勤保障，解决业务部门的后顾之忧。

3. 谨慎行事

行政管理工作应当注意细节，谨慎处理各方的关系；谨慎管理企业的财产；开展工作时要注意分寸，既要圆满达成目标，又不能让其他人产生过多的负面情绪。

1.1.3 行政管理的角色

根据行政管理工作为企业创造的价值及不同的工作场景，在企业的行政管理工作中，行政管理人员应当扮演的角色可以分为4类，分别是参谋、管家、助手和联络员。

1. 参谋

行政管理人员的参谋角色主要是协助企业高层管理者做好企业管理的顶层设计，提供必要的管理咨询，提供实施管理决策的建议，提供企业战略规划布局的建议，提供用人决策的建议。

这个角色正是许多行政管理人员容易忽略的，行政管理人员很容易把自己定位成"小文员"的角色，每天只是做大量的基础事务性工作，忽略了行政管理工作中管理的那一面。参谋的角色能够拉近行政管理人员与企业高层管理者之间的距离，让行政管理人员更多地参与到企业的核心经营管理决策中，让行政管理的价值提升。

当然，很多从事行政管理的人都想扮演参谋的角色，但不是每一个人都能够胜任这个角色。要扮演好这个角色，行政管理人员需要具备一定的企业管理经验，要有一定的胸怀和格局，具备企业发展需要的大局观。

2. 管家

行政管理人员的管家角色主要是帮助企业高层管理者做好各类内部事务的统筹管理工作，包括各项政策、制度、流程的落实，各类费用的审批，各项成本的管控。企业需要执行力强的人，需要能够把想法落地的人，需要能够遵守规矩、落实规矩的人，这正是管家角色存在的价值。

3. 助手

行政管理人员的助手角色主要是协助企业各级管理者、协助各业务部门，成为他们的得力助手，帮助企业实现内部信息的上传下达。参谋角色需要比较强的管理能力，助手角色需要行政管理人员更贴近企业的实际业务。在行政管理人员担任参谋角色之前，首先应该学会扮演好助手的角色。

4.联络员

行政管理人员的联络员角色主要是企业内外部关系的协调人员，平衡好企业和外部机构的关系，平衡好企业与内部各子公司、各部门之间的关系。联络员这一角色非常像润滑剂，能够有效提高企业的运营效率，减少因为沟通不畅而造成的损耗。

要做好联络员的角色，行政管理人员需要提高理解能力、沟通能力和表达能力，提高解决突发状况的能力，要能够站在不同的视角、不同的立场看问题，能够平衡各方的利益关系。

在不同的场景下，行政管理工作人员应当找准自己的角色，通过合适的定位和恰当的方式来提升自身的专业能力，从而做好行政管理工作。

1.2 行政管理部的组织机构与职责

设置行政管理部的组织机构和职责时要参考整个企业的组织机构和管理模式。当企业的组织机构和管理模式偏向分权时，行政管理部的组织机构和职责的设置也应当采取分权的形式；当企业的组织机构和管理模式偏向集权时，行政管理部的组织机构和职责的设置也应当采取集权的形式。

1.2.1 行政管理部的常见机构

如果是偏分权型的企业，各事业部或分公司内部可以单独设立行政管理部。各事业部或分公司行政管理部之间的关系相对独立，可以制定各自的管理制度。总部的行政管理部人数相对比较少，其主要工作是统一监督、统一制定个别政策，并且对各事业部或分公司行政管理部的人员任命有一定的提名权或否决权。

如果是偏集权型的企业，各事业部或分公司内部一般不单独设立行政管理部，而是设置比较少的行政管理人员。这些行政管理人员受总部行政管理部的统一管理，并受各事业部或分公司负责人的管理。他们的主要工作是协助各事业部或分公司负责人做好经营管理，同时传达和落实总部行政管理部的各项政策。

如果不考虑分权、集权和企业规模大小，常见的比较通用的行政管理部的组织机构如图 1-1 所示。

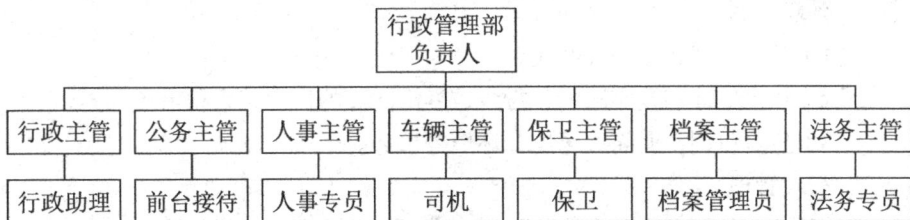

图 1-1 行政管理部的组织机构

这种组织机构划分实际上是把行政管理部的职责划分到 7 种角色身上。

1. 行政管理角色

行政管理角色主要负责贯彻执行企业的各项管理制度，保证企业各项行政事务工作的正常开展；负责企业具体管理工作的布置、实施、检查、督促，并落实执行情况；负责协调企业各部门之间的工作关系及跨部门事务；负责行政管理部内部的费用预算及企业行政费用预算的管控；负责统筹管理企业的食堂、住宿等行政后勤服务工作；负责企业的文化建设等工作。

2. 公务管理角色

公务管理角色主要负责相关会议的组织及会议决议事项的督办；负责企业的接待工作及政府关系、公共关系的建立、维护及保持；负责前台接待工作。

3. 人事管理角色

人事管理角色主要负责企业的人事工作，包括人员的选、育、用、留等相关工作及各类人事手续的办理工作。

4. 车辆管理角色

车辆管理角色主要负责管理企业的车辆和驾驶员，协调用车问题。

5. 保卫管理角色

保卫管理角色主要负责企业的安保工作，管理每天进出企业的车辆和人员。

6. 档案管理角色

档案管理角色主要负责企业档案文书的管理，管理企业的印章和证照。

7. 法务管理角色

法务管理角色主要负责处理企业的各类法律事务；负责经济合同的管理；负责法务文书的起草和审核。

1.2.2 行政管理部的常见职责

在行政管理部和人事部合二为一的企业中，行政管理部的职责一般包括如下内容。

1. 外联协调

（1）负责管理和维护公共关系。

（2）负责处理与政府部门、行政监察部门等的日常关系和事务。

（3）负责协调企业周边场地、环境等事务。

2. 行政管理

（1）负责总经理办公会议的组织、会议记录、记录整理归档等工作。

（2）负责协调企业及各部门之间的工作关系以及跨部门事务。

（3）负责行政费用预算的管控。

3. 总务

（1）负责员工保健相关内容的管理。

（2）负责员工福利的发放管理。

（3）负责更新和管理员工通信信息。

（4）负责企业制度的建立、规范，并监督实施过程。

4. 内外部通知

（1）管理企业的内部事务，负责企业文件、报告、信函的起草、打印和发放。

（2）负责来文、来函的登记、办理。

（3）负责企业对外签订的合同文书的管理。

5. 档案管理

（1）负责档案制度的建设、规划、管理及维护工作。

（2）负责企业各类相关文件资料的收集、建档、归档。

（3）负责财务、科研项目档案的入库、登记和归档。

（4）负责企业证照、资质及资格证书的管理。

（5）负责定期更新资料，保证证照的有效性。

6. 印章证照管理

（1）负责管理各类印章的刻章、保管和使用等工作。

（2）负责管理各类证照的办理、建档、使用和更新等工作。

7. 法律事务管理

（1）负责构建法律风险防控体系。

（2）负责经济合同的审核。

（3）负责法律纠纷事务的处理。

（4）负责起草各类法务文书。

8. 企业文化建设

（1）负责企业文化的提炼和建立。

（2）负责企业文化的落实。

（3）负责企业文化的传播。

9. 接待管理

（1）负责客户的食宿预订工作。

（2）负责企业来访客人的接待、引导和公关工作。

（3）负责大型会议的会务工作。

10. 后勤保障及管理

（1）负责企业内部人员出行、就餐、住宿等相关事务的安排，负责员工食堂和宿舍的管理工作。

（2）负责企业的安全管理、保卫管理及卫生管理，负责员工的考勤和外出登记。

（3）负责企业内部各部门的低值易耗品及办公用品的管理。

（4）负责企业车辆的调度和管理、企业车辆的证照办理及车辆安全管理等工作。

（5）负责邮件、报纸、杂志的收发。

（6）负责差旅、票务的预订。

（7）负责会议室的管理和会议室使用制度的管理。

（8）负责企业的通信管理。

（9）负责企业其他后勤事务的管理。

11. 人事管理

（1）负责企业员工的招聘、面试、选拔工作。

（2）负责在职员工的管理，避免发生劳动风险，避免出现劳动争议。

（3）负责员工离职手续的办理和离职管理工作。

（4）负责企业的人力资源规划工作。

（5）负责企业的人力资源配置工作。

（6）负责企业人力资源的培训与开发工作。

（7）负责企业的绩效管理。

（8）负责企业的薪酬管理。

（9）负责企业的劳动关系管理。

12. 人员管理

（1）负责制定本部门内部的各项管理制度，建立、健全岗位责任制。

（2）负责对内部成员进行日常管理和工作考核。

（3）负责培训和发展内部成员。

13. 其他工作

（1）在外部存在重大政策变化，内部存在重大风险和不稳定因素时及时向总经理汇报。

（2）完成上级领导交办的其他工作。

1.3 常见行政管理岗位的职责

行政管理岗位有很多，本节介绍常见的 3 种行政管理岗位及其职责，分别是行政助理、档案管理和前台接待。其他常见的行政管理岗位如车辆管理员、法务专员、保卫、厨师、宿舍管理员等的岗位职责将在后续章节中根据不同场景（车辆、保卫、食堂和宿舍）的管理需求而讲解。

1.3.1 行政助理岗位的职责

设置行政助理岗位的主要目的是配合行政管理部负责人，做好行政工作及部门内部日常工作，保证行政事务的良好运作。

行政助理岗位的主要职责如下。

1. 负责行政管理部日常事务的运行和管理

（1）协助行政管理部负责人制定和完善行政管理部的各项管理制度。

（2）协助督促管理制度的有效执行。

（3）负责各种文件、通知的整理、下发。

（4）负责企业客户宴请，出差票务预订、审核、报销管理等后勤保障工作。

（5）负责接打电话，负责企业传真、文件、通知等的拟订、接收、下发。

（6）了解企业各部门重要联络人员的联系方式与业务辖属范围，以便在外部来电来人咨询时能够及时准确地指引传达。

（7）负责企业礼品、员工福利的选购。

2. 负责企业形象维护与公关活动

（1）协助进行企业形象的设计和推广实施。

（2）负责组织和接待相关单位包括上级单位的来访，负责与新闻媒体的接触。

（3）协助组织并协调处理企业的公关危机。

3. 负责行政管理部的印章管理

（1）负责建立、健全行政管理部的印章使用管理规定。

（2）负责行政管理部相关印章的保管，保证印章的完整、有效。

（3）负责做好行政管理部印章的使用记录。

4. 负责企业会议管理，并做好会议记录

（1）负责建立、健全会议室使用管理制度。

（2）负责企业会议的记录工作，并将会议记录整理、下发。

（3）负责企业会议召开的通知及会议室的安排、使用管理等工作。

（4）负责企业重要活动的会务准备及礼仪接待工作。

5. 负责企业办公设备、办公用品、低值易耗品的申领、选购与使用管理

（1）建立、健全办公设备、办公用品、低值易耗品的申领、选购与使用管理制度。

（2）负责协助行政管理部负责人做好本部门的费用预算。

（3）负责对办公设备、办公用品、低值易耗品的申领进行登记，并做好相关记录。

6. 负责企业门禁、行政管理部的考勤管理

（1）负责企业门禁管理制度的建立、健全。

（2）负责门禁卡的购买、发放、回收、注销、销毁等工作，并做好相关记录。

（3）负责根据考勤情况填写考勤记录，并按照相关规定转交考勤记录核对人员。

7. 其他工作

（1）完成领导交代的其他工作。

（2）处理与本部门相关的突发状况。

1.3.2 档案管理岗位的职责

设置档案管理岗位的主要目的是保证企业中档案材料的准确性和完整性。该岗位的职责是配合行政管理部负责人，做好档案的入库、分类、查阅、保管、销毁等工作。

档案管理岗位的主要职责如下。

1. 负责档案室的日常管理

（1）建立、健全档案管理制度，并监督其实施情况。

（2）保持档案室的清洁、干燥和卫生，切实做好防盗、防火、防虫、防潮、防尘、防鼠、防高温、防强光等工作。

（3）严格执行安全制度，禁止在档案室内存放易燃、易爆等危险物品，经常检查档案室的消防器材是否能正常使用。

（4）未经允许，非档案室工作人员不得随便进出档案室，做到人走加锁、关窗，妥善保管档案室钥匙，确保档案室的安全。

2. 负责档案资料的管理

（1）负责对应归档资料的收集、整理。

（2）负责对档案和资料的保管情况进行定期检查核对，做到账物相符。

（3）严格遵循档案入库制度，认真做好分类登记及档案的收进、移出和统计工作，对档案的分类应做到科学合理、便于查找。

（4）档案借阅应按规定办理登记手续，对借阅到期的资料应及时催还并认真检查归还的资料是否完整，发现问题要及时报告和处理。

（5）按有关规定对档案进行例行的保养、管理或销毁。

（6）对有保密要求的文件，须经领导批准后方可借阅。

（7）未经批准任何人不准将档案带出档案室，更不准私自摘抄、外传，发现失密现象应及时报领导处理。

（8）监督和管理查阅者，对违反企业规章制度的行为及时予以制止。

3. 其他工作

（1）完成领导交代的其他工作。

（2）协助处理与本部门相关的突发状况。

1.3.3 前台接待岗位的职责

设置前台接待岗位的主要目的是保证企业内部信息通畅，提高企业的运作效率。该岗位的职责是做好前台工作，对会议室进行合理的安排利用，做好会务安排、服务工作，负责来访客户、上级主管部门等的接待工作。

前台接待岗位的主要职责如下。

1. 负责前台日常工作管理

（1）负责工作区域和大厅的报刊管理，以及大厅内家具的清洁工作。

（2）负责接待用品的保管、清洁，及时补充所需用品。

（3）负责维持上班期间办公区域的公共秩序，及时将异常问题上报给部门负责人。

（4）及时接听外来电话，对重要电话做好记录并及时传达、反馈。

（5）按时开启和关闭LED显示屏，如有重要客户、上级主管部门来访，应及时与相关部门及领导确认是否需要在LED显示屏显示欢迎字幕。

（6）协助有关部门下发和传递文件资料。

（7）负责文字信息的录入工作。

2. 负责会议、会务的管理

（1）建立、健全会议管理制度，并监督实施情况。

（2）保持会议室的清洁、干燥和卫生，切实做好防盗、防火、防虫、防潮等工作。

（3）严格执行安全制度，会议室内禁止存放易燃、易爆等危险物品，经常检查会议室内的消防器材、水电暖情况。

（4）对会议室内外的各种会议设施设备进行日常检查与维护，确保其正常运行。

（5）根据会议通知，向相关部门负责人确认参会人数，合理安排会议室，为布置会议室做准备。

（6）会前将会议室的桌椅收拾整齐，准备水、茶、杯子，或根据实际需要另备水果、点心。

（7）负责会议室的安排布置工作。

（8）根据具体情况，准备相机、摄像机，为会议留存音像资料。

（9）会后将会议室清理干净，将座椅归位，将所领用器材及时归库，将相机、摄像机及其他器材送归原处。

3. 负责企业日常接待工作

（1）负责企业来访客户、上级主管部门的接待工作。

（2）对来访人员进行登记，问清来访人员来意并进行接洽；让来访人员在企业大厅等候和会见，不要进入办公区域内；谢绝闲杂人员、推销人员进入办公区域。

（3）接待面试人员，按照企业统一要求，引导面试人员前往指定地点等待，并与相关部门人员做好接洽。

4. 其他工作

（1）完成领导交代的其他工作。

（2）协助处理与本部门相关的突发状况。

【前沿认知】行政管理的三大角色

行政管理从业人员应当做好三大角色，分别是产品人角色、服务人角色和运营人角色。

产品人角色应当具备产品思维。行政管理的产品包含标准的文件或服务，这些文件或服务必须是专业的、企业需要的、能解决企业实际问题的。行政管理从业人员要协调各部门关系，让内部沟通协作更顺畅。当各业务部门在内部沟通协调上出现矛盾冲突时，要有能力为业务部门解决冲突。

服务人角色应当具备用户思维。各部门就是行政管理的用户，各部门的问题也是行政管理的问题。行政管理从业人员要做到与用户共情共生，服务好各部门，帮助各部门解决问题，用户有需求应及时响应。

运营人角色应当具备业务思维。行政管理存在的根本价值是帮助企业达成目标，所以行政管理从业人员应帮助业务部门提高效率、改善绩效，帮助各部门强化内部管理，做好内控，防止各类风险，帮助企业实现战略。

举例

张三是一名行政文员，这个岗位看起来是纯服务性质，但其实张三承担着不同的角色。

张三要输出一些文件，有时候不一定是文件的编写，还包括文件的排版；张三要进行一些行政管理制度的调研，并出具相应制度的调研报告；张三会在月底统计一些简单账单。张三的这些工作内容输出都属于产品，张三需要将这些产品交付给别人，就需要做好产品人角色。

张三要服务别的部门，有时候帮助各部门组织会议，需要与各个部门沟通，让各部门的会议顺利召开，并保证各部门可以准时准点地来参加会议。有时候张三还需要组织年终会议，召开业绩分析会，也需要做一些规划和流程方面的把控。这些工作都需要张三具备服务人角色。

张三所在的企业正处在创业期，员工普遍有冲劲儿，具备拼搏精神，常常自发加班完成工作任务，吃饭和睡觉不规律。张三为了关怀员工，不仅通过食堂和住宿管理保证员工的餐食和休息，而且和业务部门一起制定员工出勤加班相关规定，监督各部门管理者，防止出现无序加班。这是张三运营人角色的体现。

【实战案例】华为公司行政人员定位

2010年，在华为公司全球行政人员年度表彰暨经验交流大会上，华为公司主要创始人任正非明确提出了华为公司行政人员的定位和要求。任正非讲话的主要内容如下。

不要随便使用"员工满意度"这个词作为考核的鞭子。员工满意度和成本相关。欧洲曾经是一个幸福社会，现在大罢工风起云涌。原因是没有足够的钱去满足人民日益增长的物质要求，适当的降低也不为人民答应。

实际上，人民的要求是无法充分满足的，只能在适当条件下，达到适当的水平。我们要理解舒舒服服是不可能长久的，唯有艰苦奋斗才能创造好的生活。

我们提倡以客户为中心，不断提高客户满意度，是因为只有客户不断地给我们合同，我们才能产生生存所必需的利润。客户满意就是要我们吃些苦才能实现。因此，我们在生活上仅给员工提供基本的生活保障和标准的生活服务。

员工想生活再好一些，就像工作服与时装一样，时装是个性化的，好看，但价格较贵。员工希望自己的生活再好一些，就如穿时装一样，自己应从工资、奖金、补助中支付一部分才可能自己去改善。个人的自由个人来承担。

我认为我们行政是为绝大多数人服务的，不能为某几个人服务，不能因为一两个人提了意见我们就特别在意。地区部总裁、代表处代表要负起员工的思想教育责任来，使他们对要求要有节制，不要无限制地提出生活要求。行政人员也是员工，他们也应得到关怀。

我们要多花一些力量去关怀在艰苦地区工作的员工，多关怀离开驻地在外施工的员工。让他们也感到工作的幸福、生活的温暖。

世界上最难打交道的是什么？就是"人"，但是行政管理面对的是人，协调起来很难。行政管理面对的是吃、住、行，直接面对人。应该根据你们的贡献评定你们的任职。

行政系统也要立足从有成功实践经验的人中选拔干部，外来没有成功行政管理经验的人，要有成功实践才能任职。把自己行政部门的岗位机会，多留一些给长期在这条战线上奋斗的人。

第 2 章

印章证照管理

　　印章和证照是企业中比较重要的物品，需要妥善保存、强化管理、重点关注。企业如果疏于管理，一旦印章和证照出现问题，就可能会使企业蒙受巨大的经济损失和法律风险。

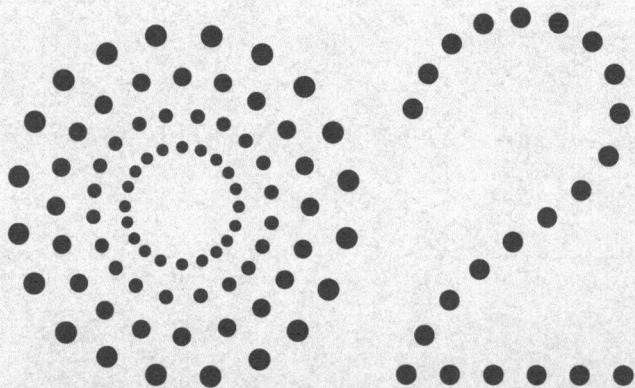

02

2.1　印章管理

　　企业的印章管理不是简单地定义谁审批、谁盖章、谁保管的问题，而是要负责对印章的刻制、使用、借用、停用进行管理，并及时处理日常管理流程中的各类问题，要保证企业印章使用的规范化、制度化，保证企业的合法权益不受损害。

2.1.1　印章的种类和用途

　　企业中最常见的印章包括公章、财务专用章、法人代表章、合同专用章、发票专用章和部门章等，除此之外，也有根据其他不同功能和效用制作的各类专用印章。

　　（1）公章是企业处理对外事务时需要用到的印章，例如处理银行事务、工商事务时，就需要用到公章。公章是企业所有印章中具有最高效力的印章，是企业法人权利的象征。

　　（2）财务专用章，简称财务章，是企业财务往来结算、开具各类财务票据时需要用到的印章，例如在银行办理各类汇款单、支票时，就要用到财务专用章。

　　（3）法人代表章，简称法人章，是企业在出台各类决议或出具各类票据时需要用到的印章，例如在办理一些银行业务时，就需要用到法人代表章。

　　（4）合同专用章是企业在签署合同时需要用到的印章。一旦合同上盖了企业的合同专用章，企业就应当履行合同规定的权利和义务。

　　（5）发票专用章是企业在申领发票或开具发票时需要加盖的印章。

　　（6）部门章通常用于企业内部的信息传递，可以代表某部门的意见，例如总经理章、行政办公章、人事章、业务专用章等。在一些特殊情况下，部门章也可以用于外部信息传递，但通常不具备法律效力。

　　企业在刻制印章前，要规定刻制印章的流程与权限。一般来说，公章、财务专用章、法人代表章、合同专用章、发票专用章、部门章以及副总和财务部负责人的工作名章的刻制必须有总经理的批文或有关会议的决议的许可，并须发文通知启用。

　　印章的形状和规格应按国家有关规定执行。印章的材质应选用国际、国内先进、适用的质料和种类。企业可以联络当地的工商部门或公安部门，在官方认可的刻章机构刻章，以便印章备案或预留印鉴标准化和合法化。在刻章时，不要为了图便宜找小作坊制作。

企业其他各部门如果需要申请刻制内部或对外用章，可以填写印章刻制及启用申请表，如表 2-1 所示。

表 2-1　印章刻制及启用申请表

申请部门		申请部门负责人	
申请日期		经办人	
印章详称		旧章详称	
申请理由			
行政管理部意见		签字：　　　年　月　日	
分管领导意见		签字：　　　年　月　日	
总经理意见		签字：　　　年　月　日	

为体现印章的严肃性，减少企业因为印章过多难以管理而引发的风险，企业对各部门的印章刻制及启用的申请原则上应当严格控制、谨慎审批。如果没有充足的必要性，不建议批准。

印章刻制申请经总经理批准后，由企业行政管理部找专门的刻章机构统一刻制，并进行印章的备案。新刻制的印章要做好戳记并留样保存，以备检查。

企业的印章在启用前，须事先发启用通知，注明启用日期、发放部门和使用范围。启用印模应用蓝色印油，以示首次使用。

2.1.2　印章日常使用管理

企业应妥善保管好各类印章，做到每个印章都有专人保管。公章一般由企业的创始人、董事长或总经理保管；财务专用章一般由财务部负责人保管；法人代表章一般由法人代表自行保管；合同专用章一般由企业的行政管理部或专业的法务人员保管；发票专用章一般由财务部中分管开具发票业务的人员保管；部门章一般由各部门负责人亲自保管，或由本部门2人（或2人以上）共同保管。

各类印章的保管必须安全可靠，加锁保存。特制的印章要放在保险柜中保管。保管的印章须由行政管理部统一记录，注明印章名称、枚数、收到日期、启用日期、领取人、保管人、批准人、图样等信息。

印章保管过程中若出现异常状况（例如遗失或有不明原因的使用痕迹），应保护现场、及时汇报，并配合安保部门查处。情节比较严重的，可以上报公安部门。

印章的使用一律实行审批和登记制度。各部门需要加盖印章时，经相关领导批准后方可盖章，凡没有经过领导审批或不符合用印要求的，印章保管人均可拒绝盖章。印章保管人要做好印章使用人的登记，形成印章使用登记表，如表2-2所示。

表2-2　印章使用登记表

日期	用印文件名称	用印份数	印章类别	使用人	分管领导	备注

企业的部门章主要用于企业内部行文，除企业允许的证明信、介绍信用章外，企业的部门章对外一律不具备法律效力。使用印章时，印章保管人应对盖印的文书内容、手续、格式进行把关检查，发现问题应及时请示领导，以便妥善解决。

严禁在空白的信笺、介绍信、合同上盖章。印章保管人长期外出时须将印章妥善移交，以免耽误工作。如因工作需要或其他特殊情况确需在空白文件上盖章时，必须经分管领导签字批准。盖章后必须向企业上报该空白文件的用途，并提交复印件备案，未使用的盖章空白文件必须收回。

严禁伪造、盗用印章，一经发现，追究相关责任人的法律责任。印章保管人在加盖印章时，必须印迹清晰、位置恰当。印章使用人（签字人）须对用印文件进行仔细审查，并对用印后果负有经济、行政和法律责任。

2.1.3　印章的借用和停用

印章移交须办理移交手续，签署移交手续证明，注明移交人、接收人、交接时间、印章名称、图样等信息。相关员工离职时，须办理印章移交手续，办理印章移交手续应作为工作交接的一部分。

企业的印章原则上不允许被带出进行外部使用，如确有需要，应参照印章使用审批程序办理相关手续，印章保管人填写印章借用登记表后方可借用，印章借出应至少有 2 人共同负责保管、使用。印章借用登记表如表 2-3 所示。

表 2-3　印章借用登记表

用印事项	印章类别	借用时间	归还时间	借用人	归还人	审核人	批准人	印章保管人	备注

如果遇到下列情况，印章须停用。

（1）机构变动、机构名称改变。

（2）上级部门通知改变印章图样。

（3）印章损坏。

（4）印章遗失或被窃，声明作废。

印章停用前要提出申请，经领导批准后，及时将停用印章由保管人截角注销、封存或销毁，并建立印章上缴、清退、存档或销毁的登记档案。印章停用审批表如表 2-4 所示。

表 2-4　印章停用审批表

申请部门		申请部门负责人	
申请日期		经办人	
印章详称			
停用申请理由			
分管领导意见		签字：　　年　月　日	
总经理意见		签字：　　年　月　日	

2.2　证照管理

企业证照管理的目的是增强证照的有效性，确保企业遵守国家的法律法规，保障企业生产经营的正常运行。企业证照管理的主要工作内容包括证照的办理、建档、使用、更新和年审等工作。

2.2.1 企业证照种类

常见的企业证照一般有4类，分别是经营类证照、资质类证照、权证类证照和其他类证照。

（1）经营类证照，指的是经营许可类的证件，例如营业执照、金融许可类证件等。

（2）资质类证照，指的是企业的资质证明，例如安全生产许可证、压力容器制造许可证、体系认证证书等。

（3）权证类证照，指的是政府职能部门颁发的权属证明，例如土地使用权证、房屋产权证、有价证券证书等。

（4）其他类证照，指的是除以上3类证照之外的其他证书，例如各类机构颁发的会员证、理事证、荣誉证书等。

一般来说，前3类证照都非常重要。如果从企业正常经营发展的角度来说，经营类和资质类的证照最为重要，因为这2类证照决定了企业有没有权限继续经营；如果从资产管理的角度来说，权证类的证照最重要，因为这类证照表明了企业的资产权。

除了上述这4类企业证照之外，有的企业还把企业经营需要员工具备的各类资格证书或证明员工能力的各类能力认证证书视同企业证照，由企业统一管理。这样做的好处是能实现企业对相关证照的全面管理；坏处是算进这类证照之后，企业要管理的证照较多，管理的成本较高。

2.2.2 证照办理流程

证照办理的流程如图2-1所示。

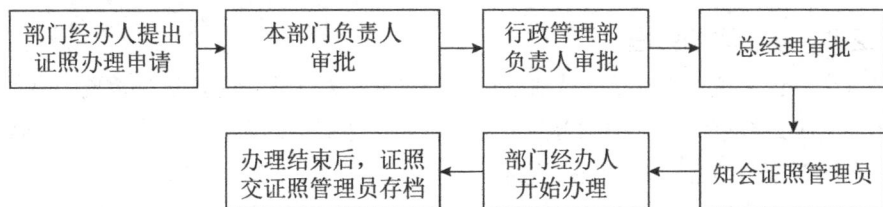

图2-1 证照办理流程

证照办理的第1步是由经办人提出申请，证照办理申请表如表2-5所示。

表 2-5　证照办理申请表

申请人		申请部门		申请办理证照名称		证照颁发部门	
申请原因 / 用途							
证照原件数量		证照副本数量		预计出证时间		证照有效期	
办证需要材料				证照经办人 / 协办人			
备注说明							
部门负责人审批				行政管理部负责人审批			
总经理审批							

　　重要证照的办理必须经过总经理审批后才能办理；重要等级相对较低的证照可以由行政管理部负责人审批后上报总经理知晓。

　　因为证照管理员负责企业的证照管理，所以审批流程通过后一定要知会证照管理员，以便其监督证照的办理进度。证照办理结束后，经办人应第一时间把证照交到证照管理员处，并由证照管理员做好证照的建档备案工作。

　　如果经办人与证照管理员不在同一个城市，则要注意证照邮递的安全性。对于比较重要、补办手续比较难或丢失后会给企业造成较大损失的证照，最好不要邮寄，应选择由企业专人送达；对于重要性一般、补办手续比较简单或丢失后给企业造成的损失较小的证照，可以邮寄，但必须选择正规可靠的快递公司。

2.2.3　证照建档管理

　　企业证照应由企业的行政管理部统一管理。对于像财务部这样需要经常使用经营类或权证类的证照的部门，经过企业管理层批准后，可以由财务部长期留存必要证照的复印件，证照的原件仍然由行政管理部统一保管。

　　企业应当指派专门的证照管理员来负责证照的建档登记、更新和管理工作。证照管理员对证照的建档如表 2-6 所示。

表2-6 证照建档表

证照名称	颁发部门	原件数量	登记日期	有效截止日期	年审时间	副本存放地	备注

如果企业规模较大，证照管理员可以由专人担任；如果企业规模较小，证照管理员可以由公司员工兼任。企业要定期对证照管理员进行培训，定期检查证照管理员对证照的保管情况、使用情况以及对快到期证照的更新情况。

证照管理员岗位具有一定的特殊性，应当由在企业工作有一定年限、对企业有一定了解和忠诚度、稳定性较好的员工担任。一般来说，如果不是证照管理员岗位的员工主动提出离职，不建议企业主动频繁更换该岗位的员工。

2.2.4 证照使用管理

各部门有使用证照的需求时，可以提出使用证照原件、复印件或电子版的申请，使用证照必须经过部门相关负责人和行政管理部负责人的审批。证照使用申请表如表2-7所示。

表2-7 证照使用申请表

申请人		申请部门		申请时间	
申请使用证照名称		申请使用证照类别		□原件 □复印件 □电子版	
申请使用证照份数		申请使用时间		归还时间	
用途说明					
部门负责人审批		行政管理部负责人审批		证照管理员审核	

证照管理员凭经过相关领导审批签字后的证照使用申请表办理证照的借用业务。不经正常手续，不得使用证照。

对于借出的证照原件，申请人应当在规定时间内归还原件。如遇特殊情况不能归还，应当申请延期归还，证照延期归还手续的办理与证照使用申请的流程相同。

证照申请使用人应保管好证照，不能损坏或丢失证照。如果发现证照损坏或丢失，须第一时间向证照管理员报告。证照管理员在接到通知后，应立即办理证照的挂失或补办手续。

证照申请使用人不得擅自把企业的证照用于非申请内容之外的其他用途，

尤其不能进行各种担保。

证照管理员应当做好证照的使用登记,形成证照使用登记表,如表2-8所示。

表 2-8　证照使用登记表

证照申请 使用部门	证照申请 使用人	证照使用 日期	证照使用 类型	使用份数	使用原因	备注

2.2.5　证照年审变更

证照的年审、到期换证、变更、延期等工作由证照申请部门负责,由证照管理员负责提醒,行政管理部实施监督。对于一些比较重要的证照,例如营业执照,也可以由行政管理部统一负责延期或变更工作。

在证照的年审、到期换证、变更、延期等工作进行的过程中,除经办人之外的相关参与部门要做好配合工作。如果因为经办人的问题导致证照出现问题,追究经办人的责任;如果因为相关参与部门没有做好配合工作导致证照出现问题,追究相关部门的责任;且不论因为什么问题导致证照出现问题,证照管理员都负有连带责任。

证照管理员应当至少在证照到期前的半年之内提醒相关经办人或相关部门证照即将到期。在提醒过后,证照管理员要跟踪证照更新的进度。证照更新结束后,经办人员应当把新的证照交到证照管理员处,由证照管理员统一保管。

当有证照需要注销时,应当提出申请,填写证照注销申请表,如表2-9所示。

表 2-9　证照注销申请表

申请人		申请部门		申请时间	
申请注销的 证照名称		申请注销证 照的理由			
部门负责人 审批		行政管理部 负责人审批		总经理审批	

注销重要的证照必须经总经理审批后才能办理,证照注销手续办理完毕后,报证照管理员处。证照管理员可将注销的证照销毁或单独存放。

【实战案例】某上市公司印章管理制度

某从事高新技术生产制造的上市公司为了规范印章管理，特制定印章管理制度，具体内容如下。

一、总则

公司印章是企业合法存在的标志，是企业权力的象征。为了保证公司印章的合法性、可靠性和严肃性，有效地维护公司利益，杜绝违法违规行为的发生，特制定本管理制度。

本制度所指的印章主要包括行政公章、专项业务章（合同专用章、财务专用章、行政管理部印章、安环部印章）、董事长（法定代表人）个人名章。

本制度的适用范围包括公司及公司全资子公司，全资子公司的行政公章、合同专用章、财务专用章由公司统一保管，按照制度规定执行；公司控股的子公司的印章使用管理参照本制度执行。

二、公司印章的刻制

（一）公司印章的刻制均须报总经理审批。

（二）董事长（法定代表人）个人名章、行政公章、财务专用章、合同专用章，凭公司介绍信统一到公安机关指定处办理刻制手续，按国家有关规定备案。

（三）公司各部门的专用章（行政管理部印章、安环部印章等）由公司根据工作需要决定刻制。未经总经理批准，任何单位和个人不得擅自刻制本部门的印章。

三、公司印章的启用

（一）新印章要做好戳记，并统一在行政管理部留样保存，以备检查。

（二）新印章启用前应由行政管理部下发启用通知，并注明启用日期、发放单位和使用范围。

四、公司印章的使用范围

公司所有印章必须在规定范围内使用，不得超出使用范围。

（一）公司行政公章的主要使用范围如下。

1. 公司对外签发的文件。

2. 公司与相关单位联合签发的文件。

3. 公司对内发布的相关通知、文件。

4. 由公司出具的证明及有关材料。

5. 公司对外提供的财务报告。

6. 公司章程、协议。

7. 员工调动文件。

8. 员工的任免聘用文件。

9. 协议（合同）资金担保承诺书。

（二）公司合同专用章的主要使用范围：采购、销售等各类经济合同。

（三）公司董事长（法定代表人）个人名章主要用于需加盖私章的合同、财务报表等各类文件。

（四）财务专用章主要用于货币结算等相关业务。

（五）公司各职能部门的印章仅限于公司内部工作和联系使用，不得对外使用。

五、公司印章的管理、使用及保管

（一）印章的管理

1. 公司行政公章、合同专用章由公司总经理指定专人负责管理。

2. 财务专用章、董事长（法定代表人）个人名章由公司指定财务部专人负责管理。

3. 行政管理部、安环部等职能部门的印章由公司指定相关部门专人负责管理。

4. 各部门须将印章管理员名单报行政管理部备案。

5. 印章管理员必须切实负责，不得将印章随意放置或转交他人。如因事离开岗位需移交他人的，可由总经理或印章使用审批人指定专人代替，但必须办理移交手续，并填写如表2-10所示的印章移交登记表。

表2-10　印章移交登记表

	移交人		印章留样
移交双方	接收人		
	移交印章类别	□行政公章　□法人印章	
		□财务专用章	
		□合同专用章	
		其他印章：	
	移交原因		
	移交时间	□临时：自　年　月　日至　年　月　日止	
		□永久：自　年　月　日起	
	本印章自移交日起，其保管责任和用印责任均由接收人负责		
		接收人签字：　　　　年　月　日	

分管领导 审批意见	年　月　日
备　注	

6.为保证资金的绝对安全，财务专用章、董事长（法定代表人）个人名章等银行预留印章由2人（或2人以上）分开保管、监督和使用，做到一人无法签发支票、汇票，无法提取现金。

（二）印章的使用

1.印章的使用必须严格遵循印章使用审批程序，按照印章的使用范围，经审批后方可使用。公司行政公章及合同专用章必须经公司总经理或其授权代表审批同意后方可使用。印章使用申请表如表2-11所示。

表2-11　印章使用申请表

申请部门		经办人			
报送单位		申请日期			
用印类别	□行政公章　　□法人印章　　□合同专用章　　□财务专用章 □其他印章（说明）				
申请事由	用印文件名称	原件/复印件		份数	用途说明
专业人员 审核意见	专业机构：　　　　　　专业人员： 专业意见：				
部门领导 审核意见				签名：　　年　月　日	
分管领导 审核意见				签名：　　年　月　日	

续表

总经理审核意见	签名：　　　　年　月　日
备注	

注：1. 凡使用公司印章须填写此表；
　　2. 申请事由一栏应将用印的文件名称及文件内容填写清楚，如文件是合同则应填写涉及金额数及签订合同的对方单位名称；
　　3. 用印文件的复印件是本审批单必须附备的文件；
　　4. 以公司名义签订的合同、协议等，必要时应提供专业人员审核意见。

2. 印章的使用由各印章管理员设立使用登记台账，严格执行审批和登记制度。印章使用登记表如表 2-12 所示。

表 2-12　印章使用登记表

序号	日期	部门/经办人	事由/文件名称/文号	份数	报送去向	审批领导	经办人	是否外带	归还时间	备注

3. 财务专用章、董事长（法定代表人）个人名章由财务部按岗位职责权限使用。

4. 严禁员工私自将公司印章带出公司使用。若确需将印章带出使用，需填写《携带印章外出申请表》，由分管领导及总经理或其授权代表审批后方可带出。携带印章外出期间，借用人只可将印章用于申请事由，并对印章的使用后果承担一切责任。携带印章外出申请表如表 2-13 所示。

· 26 ·

表 2-13 携带印章外出申请表

申请部门	申请理由	使用范围	使用期限
印章类别			
审批签字			
申请人	部门经理		总经理

注：印章必须在使用期限内归还。

以下为交收记录，由印章使用人和印章保管人填写。

借出	保管人签名	使用人签名	日期
归还	保管人签名	使用人签名	日期

注：交收双方要确认印章是否正确和完好。

5. 以公司名义签订的合同、协议、订购单等，必要时应先由专业人员审核，经公司分管领导签署意见后方可申请盖章。

6. 公司行政公章、董事长（法定代表人）个人名章、财务专用章及公司其他印章（合同专用章除外）所用印的文件、资料、附件资料及经审批的印章使用申请表应当作为用印凭据档案由印章管理员留存或复印留存。

7. 由双方或多方共同签署的文件，原则上公司相关业务经办人应当争取先由他方签署盖章；如果公司不是最后签署盖章的一方，相关业务经办人应当负责及时取得由公司留存保管的文件原件，印章管理员负有督促责任。

8. 需用印的文件应当先根据业务权限指引，履行相应的签字审批手续并注明日期，而后方可申请用印。

9. 印章管理员用印盖章的位置要准确、恰当，要齐年盖月、加盖骑缝章，印迹要端正清晰，印章印刻的名称要与用印件的落款一致，不漏盖、不多盖。介绍信、便函、授权委托书要有存根，要在落款和骑缝处一并加盖印章。

10. 私人取物、取款、挂失、办理各种证明需用单位介绍信时，由行政管理部严格进行审批，符合要求后进行登记和办理。

11. 任何印章管理员不得在当事人或委托人所持的空白格式化文件、手写文件或内容填写不全的文件上加盖印章。用印材料必须填写完整，文字须清晰、正确。

12. 对已调出、解除、终止劳动关系的人员要求用印的，相关人员必须持有效证件材料，经分管领导审批后，方可申请盖章。

（三）印章的保管

1. 印章保管须有记录，应注明印章名称、颁发部门、枚数、收到日期、启用日期、领取人、保管人、批准人、图样等信息。

2. 印章保管必须安全可靠，须加锁保存，印章不可私自委托他人代管。

3. 印章管理员若有工作变动，应及时上缴印章，并与新印章管理员办理交接印章手续。

4. 非印章保管人使用印章应与印章保管人共同承担相应的责任。

5. 印章应及时维护，确保其印迹清晰、端正。

6. 印章保管若有异常现象（如印章遗失），应保护现场，印章管理员应及时向行政管理部及公司分管领导报告，并配合调查。

7. 印章管理员要坚持原则，遵守保密规定，严格照章用印。未按批准权限用印或用印审批手续不全的，印章管理员有权不予用印；经办人拒绝印章管理员审核文件内容或审批手续的，印章管理员可拒绝用印并上报公司领导处理。

8. 印章管理员若因工作失误或失职造成违规使用印章，未按规定审批程序使用印章，或者为了私人目的或利益擅自使用印章的情况，公司有权视情节轻重给予通报批评、调整岗位或降薪、停职、降职、解除劳动关系等处分；造成直接或间接经济损失的，应当承担赔偿责任；情节严重、涉嫌犯罪的依法移送司法机关处理。

六、公司印章的停用

（一）有下列情况，印章须停用。

1. 公司名称变动。

2. 印章损坏。

3. 印章遗失或被窃，声明作废。

（二）印章停用时须经总经理批准，并须及时将停用印章送行政管理部封存或销毁，并建立印章上交、存档、销毁的登记档案。印章停用申请表如表2-14所示。

表2-14　印章停用申请表

申请部门	印章鉴样	停用原因

停用印章处理意见如下。

☐ 封存，移交行政管理部保管。封存期：_____。
期满后由行政管理部到有关部门办理封存或销毁手续。

☐ 销毁，移交行政管理部，到有关部门办理封存或销毁手续。

保管部门意见：_____ 日期：_____

总经理意见：_____ 日期：_____

注：印章办理销毁手续后，把销毁回执原件交存档案室。

第 3 章

办公环境管理

　　办公环境的质量影响着员工的办公效率，好的办公环境能够提高办公效率、降低办公成本，从而提高工作成果的输出率。办公环境不仅包括物理环境，也包括文化环境，本章主要介绍物理环境和文化环境中的礼仪部分。

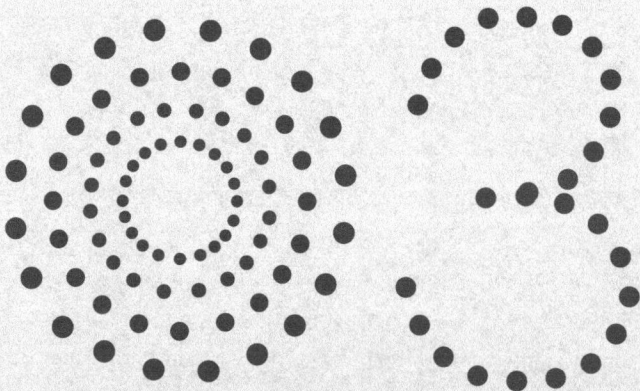

3.1 环境秩序管理

为规范办公秩序，创造整洁有序的办公环境，树立良好的企业形象，企业要注重对各部门办公环境的管理。企业的办公环境包括全体员工使用的公共区域、员工个人的办公区域及员工日常的办公秩序。

3.1.1 公共区域管理

企业对公共区域管理的基本要求如下。

（1）办公室内物品摆放整齐、无灰尘，及时倾倒垃圾，保持地面干净、墙壁无乱涂乱画现象。

（2）走廊地面保持清洁，墙壁上的摆设及消防器材无灰尘。

（3）洗手间、洗手台无垢渍。

（4）办公区域空气清新。

（5）厂区无垃圾、树叶、杂物等，保持厂区干净整洁。

各部门办公区域的卫生维护由相应部门负责，地面、办公桌、文件柜、门窗、隔断等要经常清理。总经理办公室的卫生由行政管理部的专人负责。每天上午上班前彻底清扫办公区域的地面，不留卫生死角，保证地面无水渍、无积尘、无污渍、无丢弃物。

办公区域严禁吸烟（会议室有来访客户除外）。遇到有外来人员吸烟时，应及时劝阻。办公区域应经常打开窗户，保持室内空气流通。严禁携带食物进入办公区域，禁止在办公区域就餐。各部门办公室内墙面上不得悬挂与工作无关的物品。

走廊、洗手间、厂区等公共区域的卫生由公司后勤人员负责维护。员工应时刻注意保持包括走廊、洗手间等区域的卫生，遇到地面有废弃物时应主动捡起并丢进垃圾桶；不准随地吐痰；不准随地乱扔果皮、纸屑等废弃物；不准随意往地面上泼脏水、茶水。垃圾应划分区域分类堆放。

爱护洗手间的公共设施，节约用水，保持洗手台干净，使用后及时清理水渍。废物入篓，不得向水池、便池内倾倒果皮、茶叶、剩饭等废弃物，严防下水道堵塞。

会议室由各部门轮流打扫，保证会议室的干净、整洁，前台接待人员负责监督会议室打扫情况。清洁用品（包括抹布、拖把等）应摆放在柜内等隐蔽区域。员工应自觉爱护并正确使用公共用品、用具和设备，不准随意拆除或挪用。

各部门使用会议室后，应负责清理遗留的杂物，放置好桌椅，保持会议室的整洁有序。节约用电、安全用电，严禁私拉乱接电源，需要时由行政管理部联系电工解决。各部门应定期组织部门人员进行大扫除，维护好办公环境。

3.1.2　个人办公区域管理

个人办公区域指的是个人办公桌及周边区域内所有的办公设备及办公物品。

要求办公桌、个人计算机上无尘土；桌面上的资料、工具、文件、配件等均应放置得美观、有序；严禁放置食品、化妆品等与工作无关的杂物。

保持个人办公桌及周边区域的清洁卫生，经常检查，及时打扫，及时倾倒垃圾。在午餐时间或长时间离开办公室时应将办公物品、相关资料整理好。

工作时间内办事说话要注意动作的轻重、声音的大小，保持一个安静有序的办公环境。

下班前整理好自己的办公桌椅，将办公物品摆放整齐，重要文件要锁进抽屉。检查个人计算机是否关闭，最后一名离开办公室的员工应负责关闭电灯、门窗、空调、打印机、饮水机等。

3.1.3　办公秩序管理

好的办公秩序有助于加强企业自身建设，提高工作效率，形成严于律己、积极务实、团结协作、高效规范的工作氛围，能促进企业和员工的共同发展。要做好办公秩序管理，员工应当达到以下要求。

（1）遵纪守法，遵守企业的各项规章制度，服从领导的安排并接受监督管理。

（2）维护企业荣誉，不做有损企业形象及利益的事情，不泄露企业秘密。

（3）遵守工作纪律，不旷工、不迟到、不早退、不串岗，有事按企业规定流程请假。

（4）维护办公秩序，办公时间、办公场所内禁止吸烟、吃零食。

（5）不得聚众闹事，不得大声喧哗、打闹嬉戏，不得有赌博、酗酒等有伤风纪的行为，不得影响其他同事工作。

（6）不在办公时间内玩游戏、不做其他与工作无关的事。

（7）如无工作需要，禁止随意出入领导办公室、会议室或其他部门。

（8）未经他人同意，不可私自动用他人的办公用具及私人物品。

（9）爱护企业财物、设施，节约资源，不得窃取和挪用办公物品、办公设备，对办公电器、设施设备等应在熟悉使用说明和操作方法后使用。损坏公司物品应负责赔偿。

（10）禁止因私事占用办公电话。

（11）正常工作时间因私会客，应在请示上级领导后接见；不得私自带领外来人员进入企业办公区域；非工作时间一律不得引领外来人员进入办公区域。

（12）在办公区域靠右行走。在楼梯拐角、门口处注意慢行，互相礼让。

（13）全体员工应注意提高道德修养，待人接物诚恳谦和，使用文明用语，严禁与来访人员发生冲突；接电话时言语文雅、语气温和、态度诚恳，避免引起不必要的误会，体现良好的精神风貌和工作素养。

（14）保持办公区域卫生，严禁乱丢污物、违规堆放杂物。办公桌应保持整洁，桌面上的文件物品摆放整齐，禁止随意摆放私人物品。

（15）严守原则，不得收受业务相关单位或个人各种形式的贿赂或馈赠。

3.2　办公礼仪管理

不论对内还是对外，良好的办公礼仪都能带来积极正面的效果。对内，良好的办公礼仪有助于形成和谐的办公氛围，让员工心情更愉悦、工作更开心，减少内部矛盾；对外，良好的办公礼仪能够给人好的印象，为企业树立起专业的形象。

3.2.1　日常办公礼仪

日常办公礼仪的第 1 个要求是员工必须保持仪表端庄、整洁。

（1）头发：发型、发色得体，头发要经常清洗，保持清洁；男性员工头发应注意定期修剪，不宜过长；女性员工不披头散发，应梳理整齐。

（2）指甲：保持手部清洁，指甲不能太长，女性员工涂指甲油应尽量选择淡色。

（3）胡须：男性员工胡须不能太长，应注意经常修剪。

（4）口腔：保持口腔清洁、口气清新。

（5）妆容：女性员工禁止浓妆艳抹，应化淡妆，给人清爽、健康的形象，不宜用香味浓烈的香水。

员工着装应大方、得体，不可穿奇装异服，不可过分追求华丽。

（1）在办公时间内按规定换上统一的工作服并佩戴上岗证，工作服要干净整洁，不可敞怀。

（2）鞋子应保持清洁，如有破损应及时修补，不得穿拖鞋。

（3）男性员工禁止赤膊或穿短裤、背心、拖鞋上班；女性员工不得穿超短裙、短裤、吊带、背心、拖鞋，不得穿着薄、透、露等不适合工作场合的服装。

在公司办公区域内，员工应尽量保持优雅的姿势和动作。

（1）站姿：会见外来人员、出席重要场合或在上级面前时，不得将手交叉抱于胸前，应保持脚跟着地，脚尖外开约45度，挺胸收腹、两臂自然下垂、不耸肩。

（2）坐姿：坐下后，应尽量保持身体端正，双腿平行放好；先把椅子放在应放的地方，再就坐。

握手时应该看着对方的眼睛，热情大方、不卑不亢，同性间应由地位高或年纪大的一方先伸手，异性间女性应先向男性伸手。与同事相遇时应相互微笑、点头行礼；与宾客及公司领导相遇，应主动致意并侧身让道。

进入其他部门的办公室前要先轻轻敲门，征得同意后再进。进入后应随手轻轻关上门。进入办公室后，若对方正在讲话，应在一旁静候，不要插话，如确有急事要打断对方，应选择适当的时机并致歉。

递交物件（如递文件）时，要使文件正面向上并双手递给对方。

在通道、走廊行走时要放轻脚步，靠右侧行走，不得边走边大声说话，也不得有唱歌或吹口哨等行为。

3.2.2　来访接待礼仪

在接待企业来访客人时，要注意接待礼仪的基本规范。接待工作的要求如下。

（1）不迟到，不缺席。

（2）有客人来访时，前台接待人员应根据实际情况接待宾客，并登记、传达相关信息，另需按照接待规定做好茶水的供应。

（3）接待多位访客时，接待人员应按事件的重要程度及来访顺序进行接待。

（4）接待人员在接待访客时应主动、热情、大方，保持微笑服务。

（5）接待人员对访客提出的问题应尽量给予解答，不得随意承诺，控制好接待时间，保证工作效率和质量。

介绍和被介绍的方式和方法如下。

（1）无论是何种形式、关系、目的和方法的介绍，都要认真负责。

（2）直接见面介绍的场合里，应先把地位低者介绍给地位高者。若难以判断，可把年轻者介绍给年长者。

（3）男女间的介绍，应先把男性介绍给女性。男女地位、年龄有很大差距时，若女性年轻，可先把女性介绍给男性。

名片的接受和保管应当注意如下事项。

（1）名片应先递给长辈或上级。

（2）递出自己的名片时，应把名片的正面朝向对方，双手递出，一边递交一边清楚地说出自己的姓名。

（3）接对方名片时应双手去接，拿到手后要马上看一下，正确记住对方的姓名后将名片收起。

（4）如遇对方姓名中有难认的字，马上询问。

（5）应妥善保管收到的名片，以便日后检索。

3.2.3　电话接听礼仪

员工应正确、迅速、谨慎地接打电话。接打电话时，要注意如下事项。

（1）电话来时，应在第2声铃响后拿起话筒。通话时先说"您好"，并自报公司及部门名称，内线电话需报部门和本人姓名。

（2）公司员工接打电话时应使用标准普通话。

（3）对方讲述时要留心听，并记下要点；如未听清，应及时告诉对方。

（4）通话结束时应礼貌道别，待对方挂断电话后再放下话筒。

（5）通话应简明扼要，不得在电话中随意聊天。

（6）通话中对方要找的当事人不在时，应客气地询问有什么事情，或按照对方的需要留下姓名、电话，帮其代转留言。

（7）非公司工作人员来电查询公司领导手机号码或公司某部门办公室电话号码时，应首先问明具体事由，并请他们拨打公用办公电话或者相关部门电话，不得随便提供公司领导的手机号码。

（8）接听电话时应语气柔和、亲切，保持耐心，禁止冷言冷语或不耐烦。

（9）如有电话联系非本部门或咨询非本部门负责的业务时，应转告相关的负责部门的电话或直接为其转接，严禁推诿、拒绝。

接打电话的标准用语如下。

（1）常用礼貌语：您好、谢谢、不客气、请、不好意思、对不起、很抱歉、请放心、请稍等。

（2）您好，这里是 ×× 公司 ×× 部门。

（3）请问您贵姓？请问您找哪位？请问您有什么事吗？

（4）他在，请您稍等。对不起，×× 不在，他有事出去了，您有什么事需要转告吗？如方便请留下您的电话，以便他跟您联系。

（5）您放心，我一定转告。

（6）关于这个问题，我向您解释之前，需要请示一下领导。

（7）对不起，这边有点吵，请您再说一遍，好吗？

（8）您需要联系的是 ×× 部门，这个部门的办公电话是 ××，方便的话请您直接拨打这个电话；或者您把电话留下，我们会告知该部门相关负责人及时跟您联系。

3.3 办公现场 5S 管理

5S 管理起源于日本，它原本是一套日式企业对生产现场的人员、机器、材料、方法等生产要素进行现场作业管理的方法。因为 5S 管理的有效性，国内很多知名企业开始引进这套方法，并开始将 5S 管理运用在行政管理方面，以提高工作效率、提升企业形象。

3.3.1 5S 管理概述

5S 管理指的是整理（seiri）、整顿（seiton）、清扫（seiso）、清洁（seiketsu）、素养（shitsuke），因为这几个单词的日语的罗马拼音均以"S"开头，所以简称"5S 管理"。

5S 管理的含义如下。

1. 整理（seiri）

整理指的是把必需品和非必需品分开，使必需品处于随时能用的状态，现场不放置非必需品。根据非必需品的具体情况，将非必需品暂时存放、直接扔掉或进行改造。整理的目的是把空间腾出来"活"用。典型场景是倒掉垃圾、把长期不用的物品放入仓库。

2. 整顿（seiton）

整顿指的是把要用的东西在规定的位置放置整齐，并做好标识进行管理，努力将寻找必需品的时间缩短为零。物品定位之后，要明确标识；物品用完之后，要物归原位。整顿的目的是实行固定位置存放，方便随时取用，不浪费时间寻找物品。典型场景是能够在 10 秒内找到要用的东西。

3. 清扫（seiso）

清扫指的是将不要的东西清除掉，使工作场所保持无垃圾、无灰尘、干净整洁的状态。清扫的目的是清除脏污，保持办公区域的干净、明亮。整洁的办公区域本身也是一种良好的形象。典型场景是谁负责使用，谁就负责清理。

4. 清洁（seiketsu）

清洁指的是维持好整理、整顿、清扫后的局面，让工作环境更加整洁、卫生，并且形成相应的制度。清洁的目的是通过将以上做法制度化来维持成果。典型场景是将管理公开化、透明化。

5. 素养（shitsuke）

素养指的是通过进行上述 4S 活动，让每个员工都自觉遵守相关的规章制度，养成良好的工作习惯。素养的目的是提升员工的综合素质，使他们对待任何工作都能认真、有条理。典型场景是团队严格遵守企业规定，严格遵守团队纪律。

企业推行 5S 管理，能够提高员工的作业效率、缩短作业周期、降低作业成本、保障作业质量、维护作业安全，改善和提升企业形象，改善员工精神面貌，使企业更有活力。

3.3.2 5S 管理要点

企业要想有效实施办公现场的 5S 管理，应当遵循以下一些管理要点。

1. 整理（seiri）

（1）要想做好整理，就要先明确整理的对象是什么，明确整理哪里、整理什么。在这一步中，企业要进行工作场所的全面检查。检查内容包括以下几个方面。

- 办公区域：办公室的抽屉，文件柜的文件、报表，办公桌上的物品，电子文档等。
- 地面：特别是各个角落里堆积的东西，卫生死角。
- 室外：室外堆放的废品、扫帚、拖把等。
- 室内：窗台、天花板、照明器具等。

（2）设定好目标，决定哪些物品是必需品，哪些物品是非必需品；决定如何处理非必需品，处理的目标是什么。在这一步中，要对工作现场的物品进行盘点，确定哪些是必需的、哪些是非必需的，制定"必需"与"非必需"的标准。

（3）确定好对不同物品的行动方案，明确物品的使用频率，明确是谁、在什么时间、应该做什么。依据物品的分类标准，对于应当报废或丢弃的物品，一定要丢弃；对于应当集中保存的物品，一定要妥善存放；对于应当放在办公现场的物品，应当在现场存放。

整理过后，可以形成对必需品和非必需品的处理方法，如表 3-1 所示。

表 3-1　必需品和非必需品的处理方法

类别	使用频率		处理方法	备注
必需品	每天		现场存放（办公场所附近）	
	每周		现场存放	
	每月		文件柜或仓库	
非必需品	每 3 个月		文件柜或仓库	
	每半年		文件柜或仓库	
	每一年		仓库封存	
	每两年		仓库封存	
	未定	有用	仓库封存	
		无用	变卖、废弃	
	不能用		变卖、废弃	

2. 整顿（seiton）

（1）整顿是对整理工作的落实。

（2）固定位置存放。

● 整理后留下来的需要的作业物品，要固定位置存放。

● 根据物品的使用频率，决定存放的场所和位置。

● 经常使用的物品和不经常使用的物品要分开。

（3）分类存放。

● 物品放置的工具有框架、箱柜、袋子等。

● 放置物品的时候，要本着"先进先出"的原则，尽可能地使用立体框架，提高空间利用率。

● 尽可能地把同类物品集中放置，箱柜内部放置的物品要明显易见。

● 清扫器具，例如拖把、扫帚等，应以悬挂的方式放置。

（4）固定位置标识。

对物品的放置处和放置的物品进行标识，便于使用后的物品放回原处，让物品能够一目了然。

（5）废物处理。

确定废弃物品的处理方法。

3.清扫（seiso）

（1）建立清扫责任区。

（2）例行清扫，清除脏污。

（3）规定例行清扫的时间。

（4）全员参与清扫。

（5）负责人要以身作则。

（6）细微之处应清洁干净，不要只做表面工作。

（7）调查脏污的来源，进行彻底清除。

（8）对废弃物放置的区域进行规划和固定位置，在室外或室内对垃圾桶或垃圾箱进行规划和固定位置设置。

（9）建立清扫的标准，并将其作为规范，全员共同执行。

4.清洁（seiketsu）

清洁是前 3 个 "S" 行为动作的结果。

（1）落实前 3 个 "S" 执行的情况。

（2）养成良好的习惯。

（3）建立目视管理和看板管理的基准。

（4）设定责任人，加强管理。

（5）责任人随时检查纠正，建立奖惩制度，巩固成果。

5.素养（shitsuke）

素养是 5S 管理的重心，素养的提高就在于养成良好的习惯。

（1）继续推行前 4 个 "S" 的活动。

（2）制定全员共同遵守的规章制度。

（3）制定共同遵守的礼仪规则，例行打招呼、问候等活动。

（4）将各种规章制度可视化，可以形成管理手册，也可以制作图表、标语、看板、卡片等。

（5）强化 5S 管理培训。

（6）对违反规章制度的行为要及时给予纠正。

（7）受批评者要立即改正自己的行为。

3.3.3　5S 管理注意事项

企业在实施办公现场 5S 管理时，要注意以下一些事项。

1. **整理**（seiri）

在整理的部分，企业应注意办公现场经常出现乱象的根本原因，一般来说，可能包括以下几个方面。

（1）不用的物品没有及时丢弃。

（2）经常使用的物品没有进行分类。

（3）物品分类的标准不清晰。

（4）没有规定物品放置的区域和方法。

（5）没有对各类物品进行正确的标识。

（6）存在不好的工作习惯。

（7）没有每天检查整理物品。

（8）没有定期进行整顿、清扫。

2. **整顿**（seiton）

在整顿的部分，办公现场的物品不方便取用的情况一般包括以下几个方面。

（1）多种物品混放，没有进行分类，难以寻找。

（2）物品存放没有定位，不知道到哪里去找。

（3）不知道物品的名称，盲目地去找。

（4）物品没有标识。

（5）物品存放地太远，存取时间比较长。

（6）不知道物品去向，需要反复寻找。

（7）物品存放不当，需要时难以取用。

（8）没有合适的搬运工具，运输比较困难。

（9）物品没有状态标识，取用了已经不能用的物品。

在实施整顿时，为了确定物品放置的地点和识别方法，可以全员聚在一起讨论，确定好物品的放置方法之后，全员都应遵照执行。员工个人不能擅自调整，否则整顿工作将会失去意义。

3. **清扫**（seiso）

在实施清扫时，要注意如下事项。

（1）不要只在规定的时间清扫，不能平时看到脏污后不当一回事。

（2）如果不及时清理不要的物品，或不清扫干净某处，就可能会弄脏另一处。

（3）不能因为清扫的对象过高、过远，就不进行清扫。

（4）如果清扫的工具太简单，很多脏污将无法去掉。

4. 清洁（seiketsu）

在实施清洁时，要注意如下事项。

（1）不要简单地停留在清扫干净的层次上，否则除了干净之外，其他方面并没有改善。

（2）不要把推行 5S 管理当成一阵风，推行时轰轰烈烈，过后悄无声息。

5. 素养（shitsuke）

在落实素养时，要注意如下事项。

（1）要把规章制度讲给员工听，不能不管员工能否听得懂。

（2）不要急于求成，不要认为员工很快就能改变意识，要循序渐进、持之以恒。

（3）要奖罚分明，在执行过程中，不能因为人情因素而降低标准。

【实战案例】某上市公司 10 分钟 5S 管理行动

某上市公司推行了 5S 管理，为了落实 5S 管理精神，该公司推行每天"10 分钟 5S 管理"行动。为了进一步方便员工操作落实，该公司形成了 10 分钟 5S 管理行动表，如表 3-2 所示，员工每天按照表格中的步骤采取 5S 管理行动。

表 3-2　10 分钟 5S 管理行动表

步骤	行动内容
1	检查着装状况和清洁度
2	检查是否有物品掉在地上，将掉在地上的物品，如橡皮擦、文件、回形针等都捡起来
3	彻底整理和清洁桌面
4	用抹布擦干净电视、打印机、电话等办公设备
5	检查存放文件的位置，将文件放回应该放置的地方
6	扔掉不需要的物品，包括抽屉内的私人物品
7	检查文件柜、衣物架及其他家具，对摆放不恰当的物品进行重新摆放
8	固定可能脱落的标签
9	清洁地面
10	倾倒垃圾篓内的垃圾
11	检查电源开关、门窗、空调、饮水机是否已关闭

【实战案例】某上市公司 5S 管理检查打分表

某上市公司定期实施 5S 管理检查，采用的 5S 管理打分表如表 3-3 所示。

表 3-3 5S 管理打分表

1. 整理

检查项目	检查状况（每发现一例扣相应分数）	评分标准	得分	备注
工作现场	是否有各种长期不用的办公用品杂乱地摆放在现场	4		
	是否有各种不能使用的办公用品、工具等杂乱地摆放在现场	4		
	是否有不能使用的办公用品和处于正常使用状态的办公用品摆放在一起	4		
	物品是否放置在定位区内	4		
	工具在非工作状态时是否按规定位置归位摆放	4		
	是否挂贴不必要的物品	3		
	通道内是否摆放物品，妨碍通行	3		
合计：26				

2. 整顿

检查项目	检查状况（每发现一例扣相应分数）	评分标准	得分	备注
办公区物品、文件资料和办公环境	室内物品是否实行定位管理，物品是否放置在定位区内	3		
	文件资料是否实行分类存放，是否混放在一起不易查找	3		
	办公室内私人物品与办公用品是否分开放置并做好标识	3		
	办公桌上是否放置有非当日用的文件	2		
	现场是否有不能使用的工具	2		
	办公桌的物品是否过多且摆放杂乱	3		
	工具在非工作状态时是否按规定位置归位摆放	2		
合计：18				

续表

3. 清扫

检查项目	检查状况（每发现一例扣相应分数）	评分标准	得分	备注
工作现场的通道、地面、门窗、墙壁和作业环境	通道或地面是否脏乱，是否有较多烟头、纸屑、油、水或其他脏污	4		
	是否标记区域和界限	3		
	现场是否空气污浊，有不良气味	3		
	座椅摆放是否整齐	3		
	公共设施是否有损坏	4		
储物柜	柜（箱）顶是否有杂物或积尘	2		
	柜（箱）内物品是否摆放不整齐或有杂物、积尘	3		
合计：22				

4. 清洁

检查项目	检查状况（每发现一例扣相应分数）	评分标准	得分	备注
工作现场	员工是否自觉遵守 5S 管理制度	5		
	员工是否持续保持工作环境的清洁	4		
	员工是否长期自检卫生的保持情况	5		
合计：14				

5. 素养

检查项目	检查状况（每发现一例扣相应分数）	评分标准	得分	备注
工作现场	员工仪表是否整洁	5		
	员工行为是否规范，是否自觉遵守办公室规章制度	5		
	员工是否具备基本职业素养	5		
	员工工作是否主动热情	5		
合计：20				
总计：100			总得分：	

第 4 章

员工食宿管理

　　做好企业后勤服务保障工作是行政管理部的工作职责。其中，就餐和住宿问题都是与员工息息相关的问题。企业做好食堂和宿舍的管理，有助于稳定员工队伍，提高员工对企业的满意度，增强员工的工作积极性。

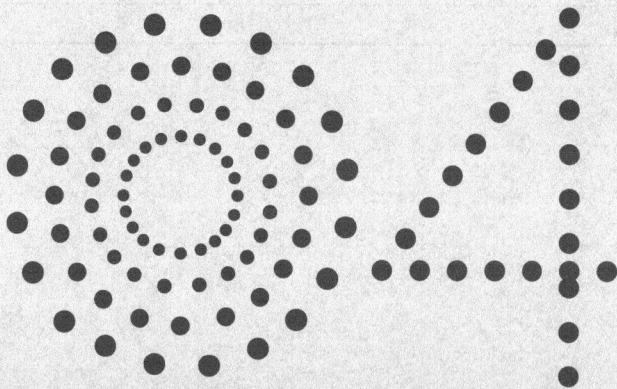

4.1　食堂管理

做好食堂管理有助于为员工创造安全、有序、文明、卫生、健康的就餐环境。食堂是企业提供给员工的一种福利。好的员工食堂会在潜移默化中给员工提供满足感，提高员工的敬业度和忠诚度；如果食堂管理不到位，引起员工的不满，反而会起到反效果。

4.1.1　食堂日常管理

行政管理部是员工食堂的对口管理部门，负责对食堂进行日常管理。

1. 定期检查

行政管理部要定期考核食堂工作人员的工作态度、工作能力和工作绩效，还要对食堂饭菜的质量、食堂运营的成本、食堂的作业安全、饭菜的卫生情况进行定期检查。

2. 预算审批

负责食堂采购的人员应当在每月开始之前，做好当月食堂物资的采购预算计划，报财务部审批；每月末汇总食堂的实际费用情况，报财务部备案。企业的采购管理制度和财务管理制度中应包含对食堂采购相关工作的规定。

3. 采购公开

为了避免食堂的财务管理出现问题，食堂应当实行采购公开制，包括采购价格公开、采购数量公开、采购成本公开。对食堂物资的供应商，应当采取公开招标的形式。对供应商提供的物资的价格、数量、质量，行政管理部应当定期进行检查。

4. 工作要求

员工食堂的所有工作人员应当持健康证上岗，食堂工作人员在工作期间必须穿戴好制服、帽子和口罩。食堂工作人员在接触食物时必须戴好工作用的手套（一般为一次性手套），工作用的手套应当在每餐结束或接触污染物后及时更换。

5. 餐食要求

食堂厨师及相关工作人员应当按照企业的规定制定餐食标准。例如，对于早餐、午餐、晚餐菜式的规定，对于营养搭配的规定，对于菜品花式变化频率的规定，对于餐食质量的规定等。

6. 卫生要求

食堂管理人员要保证食堂的良好卫生条件：对食堂的工作人员，应规定工作卫生标准；对食堂的环境，应规定环境卫生标准；对餐食制作过程，应规定制作过程中的卫生标准。卫生问题应是一项常抓不懈的工作，相关管理人员应做好卫生的检查和管理工作。

7. 就餐要求

行政管理人员要规定员工到食堂用餐的时间，如果某个时间段集中用餐的人数较多，可以实行错峰用餐。员工在用餐的过程中应排队就餐，服从食堂管理人员的统一管理。为加快餐位周转，员工用餐结束后应及时离开餐厅。员工应主动把剩菜、剩饭倒入馊水桶中，并把餐具放到指定位置。

8. 其他要求

除了以上常见的7类日常的管理要求之外，食堂管理过程中还应当制定对设施设备的管理要求、对采购原料的管理要求、对食堂工作人员素质能力的要求等。

所有关于食堂日常管理的内容都应当形成相关的管理规定，并定期对食堂工作人员和员工进行培训。若有违反规定或拒不改正者，按照相关规定追究其责任。

4.1.2　食堂设备管理

食堂设备主要包括设施设备和厨房工具两部分，对这两部分的管理分别要注意如下事项。

1. 设施设备管理

食堂工作人员应做好如下工作。

（1）掌握所用设备的正确使用方法。

（2）定期对自己使用的设备进行维护、保养，确保设备能正常使用。

（3）下班前对厨房所有设备及电源进行检查，确保万无一失后方可离开厨房，离开时锁好厨房门锁。

（4）当发现设施设备出现故障或存在安全隐患时，要及时向上级汇报，及时检修。

（5）保证食堂内有相应的防火设施，并保证该设施能够正常使用。

（6）定期检查燃气灶是否存在老化、损坏、漏气等现象，防止出现煤气泄漏的问题。

2.厨房工具管理

（1）厨房工具包括菜刀、菜墩、工作台、菜盘、菜筐等。所有的厨房工具都要由专人管理，做到物物有人管，人人有物管。

（2）无论何时都必须确保工具的干净及完好。

（3）所有人员都要掌握厨房工具的正确使用方法。

（4）厨房管理人员应定期对厨房工具进行盘点检查。

（5）调味品应用适当的容器装盛，使用后立即加盖，所有器皿及蔬菜均不得与地面或污垢接触。

4.1.3　食堂原料管理

食堂原料管理不仅关系着食堂的成本管控问题，更关系着食品安全问题。如果原料管控不到位，企业损失的可能就不仅是金钱，还包括员工的身体健康。

食堂原料的采购和验收需要有专人把关，把关人员最好不是食堂工作人员，而是企业专门的采购人员或行政管理人员。对食堂原料的把关包括对原料的质量和价格两部分的把关。原料应尽量选择质量好、价格低的，首先要保证质量，其次保证价格。对于已过保质期的食品或已经变质的食品，食堂要坚决杜绝，严查质检。

原料的采购一般应至少有2人同时参与，食堂的厨师负责对原料进行进一步的质量和重量检验，合格后才可入库。如果厨师发现原料的质量或重量有问题，有权拒收并应及时上报。

每天下班时，厨师都要对当天的肉类、菜类等进行汇总，对当天使用的原料进行汇总，对当天所剩的原料进行汇总；然后根据汇总数据与情况预估，分类列出第二天所要采购的原料数量。就餐过程中，食堂工作人员要对员工就餐的环节进行监督，杜绝浪费；对造成浪费的人和事，向上级汇报，进行必要的处分。食堂工作人员每周要进行原料盘点，妥善保管剩余原料，以免造成不必要的浪费。

食堂原料的采购过程必须按实际采购的物品价格、数量和采购时间做账，不得弄虚作假。行政管理部也应当定期对原料的质量和数量实施检查。分管食堂的行政管理人员应不定期了解市场的物价情况，参与采购活动，管控原料的质量和成本。

4.1.4　食堂卫生管理

食堂卫生管理首先应当从工作人员抓起，食堂工作人员必须持有效的身份证件，在办理好健康证并经过卫生知识培训合格后才能上岗。行政管理部对食堂工作人员的背景要做好审核和调查，并监督食堂工作人员定期做健康证的换证审核并参与食品卫生安全的相关培训。

食堂的卫生工作由食堂工作人员负责，应保证食堂内部的地面、墙面、门窗、设施、工具等干净整洁，食堂、厨房、物料库都要保证无灰尘、无污渍、无杂物、无蝇虫、无异味。

1. 个人卫生管理

（1）男厨师必须理平头或寸头，无胡须，不留长指甲，戴厨师帽、穿厨师服，并时刻保持干净整洁。

（2）女厨师必须将长发扎起，不留长指甲，不染指甲，戴厨师帽、穿厨师服，并时刻保持干净整洁。

（3）在厨房不得随意脱下工服、摘下工作帽。

2. 环境卫生管理

（1）厨房工具、餐具在使用后要进行清洗和消毒。

（2）所有清洁用具，包括拖把、扫帚、抹布等必须指定存放位置，使用完毕后要清洁干净再放回原处。

（3）确保厨房时时清洁，而且每周至少进行一次卫生大扫除。

（4）定时检查厨房工具是否清洁。

（5）在厨房工作时，不得在工作区域内抽烟。

4.1.5 食堂卫生检查

行政管理人员应定期对食堂的卫生情况实施检查，检查时应注意如下事项。

1. 检查人员

食堂卫生可以由行政管理人员随时检查，也可以形成检查小组定期检查。如果形成检查小组，检查小组的人数一般控制在5人以内。

2. 检查标准

食堂卫生检查的标准是食堂的卫生管理标准，食堂的卫生状况不应低于该标准。

3. 检查工具

行政管理人员在进行食堂卫生检查时，应当使用食堂卫生检查表，如表4-1所示。

表 4-1　食堂卫生检查表

检查时间	___年___月___日至___年___月___日			
检查人				
项目	标准	标准分	得分	备注
地面	干净、无油污、无明显垃圾			
餐具	光亮、无油迹、无异味、无指纹、分类堆放			
筷子	清洁卫生、不变形、无异味			
工作柜	无破损，柜内清洁卫生，物品堆放整齐合理，不放私人物品，柜门开闭正常			
操作台	干净、整洁、无油污			
水槽	干净、无积水、无锈斑			
抽屉	无破损，抽拉灵活，抽屉内物品摆放整齐合理，不放私人物品			
桌子	无破损、无晃动、清洁卫生			
椅子	不晃动、光亮无尘、无油迹杂屑、清洁卫生			
门	无脱漆、无污迹、无灰尘、光亮清洁			
窗	无污迹、无灰尘、光亮、无蜘蛛网			
墙	无污迹、无灰尘、无蜘蛛网、无脏迹、无破损			
电灯	灯罩、灯架清洁，无油灰、无蜘蛛网，明亮			
玻璃器皿	光亮透明、无油迹、无指纹、无破损			
各类炊具	清洁、干净、分类放置			
风口	无油灰、清洁卫生、无杂物			

4.1.6　食堂投诉管理

食堂是企业为员工提供餐食服务的场所，员工有权对食堂的餐食做出评价。企业应当为员工设立给食堂打分或投诉的渠道，让员工能够对食堂的餐食质量、卫生情况、食堂工作人员的工作状态做出评价。

常见的可以作为员工对食堂进行投诉的渠道有以下几种。

（1）食堂内部设立的意见箱。

（2）定期的员工调查。

（3）专门的内网投诉邮箱。

（4）专门的投诉电话。

（5）到行政管理部找专人投诉。

行政管理人员在接到员工的意见或投诉后，不要直接对厨房做出负面评价，应当首先进行调查，确认问题后再追究相应责任人的责任，并对问题进行整改。在责任人做出整改计划后，行政管理人员应做好整改计划实施情况的跟踪工作。员工对食堂的投诉可以作为企业对食堂考核的依据之一。

食堂厨师必须保证所有菜品的质量，工作时应严格检查食物有无变质，发现问题要及时处理。如因菜品质量不好造成员工身体不适，如果食物原材料没有问题，企业应当追究厨师的相关责任。对于多次因菜品质量遭到投诉的厨师，应当给予一定的处罚。

对于员工投诉的食堂出现的问题，行政管理人员应当格外重视。行政管理人员在接到信息后应立即展开调查，对查证后属实的问题及时进行处理，并在企业范围内予以通报批评，并根据情节严重程度，按照企业相应的规章制度处理。

员工除了向行政管理部投诉外，也可以直接向食堂工作人员投诉。食堂工作人员应态度友好地处理员工投诉，能现场处理的问题立即在现场处理，并向员工致歉；对于不能现场解决的问题，应在问题解决后给员工答复。必要时，可以将接到员工投诉后食堂进行整改的过程在公示栏中公示出来。

行政管理人员也要做好员工的培训教育工作，员工应本着实事求是的原则进行投诉或建议，不能无中生有、故意生事、夸大其词；在提出意见之后，员工应以解决问题为导向，不要传播谣言、扩大影响；问题解决后不要纠缠不休。

4.1.7 食堂工作考核

为督促食堂工作人员做好工作，行政管理人员可以定期对食堂工作进行考核，对食堂工作的考核可以用到食堂工作考核表，如表4-2所示。

表4-2 食堂工作考核表

项目	指标含义	得分占比
饭菜质量	饭菜供应是否充足；饭菜口味是否满意；饭菜的新鲜程度是否满意；分量是否充足等	40%
卫生状况	食堂工作人员的个人卫生是否达标（工作服、口罩、头套、围裙、手套等）；饭菜的卫生是否达标；餐具卫生是否达标；食堂卫生是否达标；操作间卫生是否达标；仓库卫生是否达标等	30%
服务态度	食堂工作人员的言谈举止是否得当；是否使用礼貌用语；打饭过程中是否做到一视同仁；餐具碗筷的供应是否充足；汤水的供应是否充足等	20%
饭菜丰富程度	是否按照食堂管理规定满足每餐的饭菜搭配要求；是否品种齐全；是否做到荤素搭配；是否做到营养搭配；饭菜种类是否经常变化等	10%

续表

项目	指标含义	得分占比
附加项	根据员工对食堂的表扬或投诉加减分 1. 饭菜内出现异物，扣 10 分 2. 到用餐时间没有准备齐全餐食，扣 10 分 3. 出现隔夜饭、饭菜不热或口感差，扣 5 分 4. 饭菜与菜单不吻合，扣 2 分 5. 食堂工作人员出现仪容仪表或卫生问题，扣 2 分 6. 卫生检查出问题，一处问题扣 2 分 7. 在每月员工对食堂的满意度调查中，高于 95 分的情况，每次加 10 分 8. 有员工单独对食堂提出表扬，加 1 分（每名员工仅限 1 次加分）	

　　食堂工作考核的满分可以设置成 100 分，考核打分可以由 3 部分组成，一部分来自行政管理人员的日常检查，一部分来自员工对食堂满意度的调查，还有一部分来自员工日常的表扬或投诉。员工日常的表扬或投诉可作为附加项进行加减分，日常检查和员工对食堂满意度的调查各占一定比例的分数。

　　员工对食堂满意度的调查表可以用到食堂满意度调查表，如表 4-3 所示。

表 4-3　食堂满意度调查表

饭菜质量（40 分）					卫生状况（30 分）					服务态度（20 分）					饭菜丰富程度（10 分）				
满意	较满意	一般	较差	差	满意	较满意	一般	较差	差	满意	较满意	一般	较差	差	满意	较满意	一般	较差	差
意见或建议																			

填写说明：在"满意""较满意""一般""较差""差"下面的方格内打"√"，在意见或建议处填写文字；"满意"代表该项得分为该项总分的 100%，"较满意"代表该项得分为该项总分的 80%，"一般"代表该项得分为该项总分的 60%，"较差"代表该项得分为该项总分的 40%，"差"代表该项得分为该项总分的 20%

4.2　宿舍管理

　　很多人认为宿舍管理是个出力不讨好的事。因为员工在宿舍的时间是他们的非工作时间，没有了工作的束缚，他们的状态可能会比较放松。这时候如果企业实施的宿舍管理太严格，可能会引起员工的反感；可如果没有实施必要的宿舍管理，就可能会带来比较大的安全隐患。

4.2.1 宿舍盘点统计

企业在进行宿舍管理之前，首先要盘点和统计可用的宿舍资源，尤其是对于宿舍比较多的企业来说，更要做好宿舍资源的统计。企业整体宿舍情况统计表如表4-4所示。

表4-4 企业整体宿舍情况统计表

宿舍编码	城市	地区	具体地址	宿舍性质		房间数	总床位数	已入住的床位数	还可入住的床位数	备注
				自有房产	企业租赁					

对于租赁的宿舍，企业要注意合同的开始日期和截止日期，在宿舍租赁合同到期之前，应及时续租或再租赁其他的宿舍。企业租赁宿舍情况统计表如表4-5所示。

表4-5 企业租赁宿舍情况统计表

宿舍编码	租赁宿舍合同开始日期	租赁宿舍合同截止日期	宿舍地址	租赁价格（元/年）	总床位数	可住女员工人数	可住男员工人数	现已入住女员工数	现已入住男员工数	还可入住女员工数	还可入住男员工数	备注

企业应统计员工的住宿情况，了解当前员工入住宿舍的具体情况，员工入住情况统计表如表4-6所示。

表4-6 员工入住情况统计表

宿舍编码	入住人姓名	入住人身份证号	床位编码	入住日期	退宿日期	备注

对于员工住宿的费用情况，企业应当定期进行统计分析，以节省住宿费用。员工住宿费用情况统计表如表4-7所示。

表4-7　员工住宿费用情况统计表

宿舍编码	房产类型	20××年			20××年		
		住宿人数	住宿费用（元）	平均每人住宿成本	住宿人数	住宿费用（元）	平均每人住宿成本

企业应当尽可能地把住宿费用控制在合理的范围内，结合对员工宿舍的盘点情况和住宿费用情况的分析，当企业发现宿舍资源没有得到充分利用，同时住宿费用逐年升高的时候，可以根据企业的用人规划考虑减少多余的宿舍资源，以节省住宿费用支出。

4.2.2　员工住宿申请

员工在正式入住宿舍前，需要提出住宿申请并填写书面的员工住宿申请表，如表4-8所示。

表4-8　员工住宿申请表

姓名		部门			
入职日期		职称			
籍贯		性别			
学历		出生年月			
现住址					
申请理由					
申请宿舍					
备注					
本部门意见		行政管理部意见			
直属上级	分管副总	财务部		行政管理部	宿舍管理员

为防止员工在不需要宿舍的情况下占用企业的宿舍资源，员工申请住宿的理由必须符合企业的规定，才能获得住宿批准。宿舍资源比较稀缺的企业可以

规定员工结婚后不得再继续住在宿舍，宿舍资源比较充裕的企业可以允许员工结婚后申请公寓楼住宿。

员工的直属上级在日常工作中与员工有直接接触，相对于其他人可能更了解员工的具体情况，所以其审批意见对员工住宿的申请审核至关重要。员工所在部门的分管副总对是否允许员工使用企业的宿舍资源做审批。

财务部、行政管理部主要对员工住宿进行财务和宿舍资源上的协调。宿舍管理员负责员工住宿申请表的签收确认。

4.2.3 宿舍管理办法

员工宿舍管理办法一般包括两大部分，一部分是对住宿员工的管理办法，另一部分是对宿舍管理员的管理办法。

对住宿员工的管理办法一般包括4个部分。

1. 住宿申退制度

住宿申退制度主要包括住宿手续的办理规范和退宿手续的办理规范，即什么样的人有资格申请公司的宿舍，申请住宿的具体流程是什么；住宿前需要填什么表，需要什么样的管理文件；住宿申请通过后，员工能在宿舍中住多久，员工在什么条件下将会失去住宿资格；退宿时需要做什么，宿舍的钥匙怎么交接，怎么管理。

2. 住宿日常管理制度

住宿的日常管理制度包括宿舍的床位如何安排；宿舍的作息时间是什么样的，包括宿舍的开灯时间、熄灯时间等；宿舍如果有访客该如何规定，包括入出登记、访客行为规范；宿舍的安全责任和严禁行为有哪些，包括个人财物的安全管理、严禁吸烟、严禁使用某些电器等规定。

3. 卫生管理制度

卫生管理制度规定的是宿舍卫生的责任人划分、打扫卫生的原则及打扫卫生的注意事项。

4. 资产管理制度

宿舍资产管理制度主要规定了宿舍的公共物品应如何管理。

对宿舍管理员的管理办法一般规定了宿舍管理员每天的工作职责，内容如下。

（1）宿舍的安全保卫工作。

（2）宿舍钥匙的保管工作。

（3）宿舍物品的保管、维修工作，发现问题及时统计上报、处理的工作。

（4）宿舍卫生的清扫、检查和管理工作。

（5）宿舍违纪行为的检查工作。

（6）员工住宿登记、外来人员的登记和审查工作。

每个班别的宿舍管理员应当填写宿舍管理员日报表，如表4-9所示。

表4-9　宿舍管理员值班日报表

班别：□早班　　□中班　　□晚班				年　　月　　日		
宿舍卫生情况	优秀宿舍					
	不合格宿舍及原因					
外来人员登记	姓名	单位	证件号	进入时间	出来时间	
退宿记录	姓名	工号	部门	宿舍号	床号	
宿舍维修项目						
宿舍突发情况						
交接要项与建议						

4.2.4　宿舍内部管理

因为分管宿舍的行政管理人员很可能不住在宿舍，宿舍管理员也不可能时时看着住宿人员，所以要管理好宿舍，较好的办法是利用宿舍内部的管理。把每一个宿舍看作一个小的组织，选出这个小组织的管理者（宿舍长）来帮助公司的宿舍管理人员有效地实现宿舍管理。

宿舍内部管理的内容主要包括以下几个方面。

1. 选拔宿舍长

每个宿舍都应当有一名宿舍长，由宿舍长协助宿舍管理人员做好宿舍管理。企业应规定宿舍长的选举方式。一般来说，宿舍长可以民主选举，也可以由宿舍管理员指定。不论采取哪种方式，都应遵循基本的选拔原则，即由素质高、能力强的人担任宿舍长。

2. 明确宿舍长职责

在选拔出宿舍长之后，企业要明确宿舍长的具体职责，例如安排值日、检查卫生、解决纠纷、保持联络、收取费用等。为了让其他住宿人员尊重宿舍长的工作，应明确宿舍长的基本权利，可以在每一个宿舍内张贴宿舍长的职责。

3. 明确管理要求

清晰详细的宿舍管理要求是宿舍内部管理的基本参照，包括要爱护公共物品、严禁聚众赌博、严禁打架斗殴、严禁使用违禁电器、严禁大声喧闹、严禁饲养宠物、到熄灯时间应统一睡觉等。宿舍长应根据住宿的相关规定，对宿舍内部情况进行监督和检查。

4.2.5 宿舍检查整改

要做好宿舍管理工作，光有制度和宿舍内部管理还是不够的，行政管理部应当定期或不定期地对宿舍进行检查或抽查。

1. 检查人员

为保证宿舍检查的效果，对宿舍进行检查时可以组成检查小组，检查小组的成员一般可以由行政管理部人员、宿舍管理员、宿舍长、公司的专职或兼职安全员等人员组成。检查小组人员应控制在5人以内。

当进行不定期抽查时，可以不采用检查小组这种方式，直接由行政管理部的工作人员或宿舍管理员进行抽查。此外，宿舍管理员每天都应当进行抽查。

2. 检查事项

宿舍检查的事项包括三大类，一是卫生情况检查，包括公共区域的卫生、个人卫生等；二是安全情况检查，包括煤气安全、用电安全、违禁用品使用情况等；三是住宿情况检查，主要是对实际住宿情况进行盘点。

对宿舍进行检查时，可以使用宿舍检查记录表，如表4-10所示。

表4-10　宿舍检查记录表

检查日期：								
宿舍号	宿舍长	检查项目及结果					得分（满分100分）	备注
		卫生整洁情况（20分）	公共物品及设备完好情况（20分）	是否存在大功率电器（20分）	是否存在违禁物品（20分）	是否存在其他违规行为（20分）		

在宿舍检查的过程中，发现问题应及时提出，现场能解决的问题尽量现场解决；现场解决不了的问题应当落实责任人，提出整改策略和行动计划，并实

施整改。整改结束后，整改监督人应当落实宿舍整改情况，形成宿舍整改记录表，如表 4-11 所示。

表 4-11 宿舍整改记录表

检查日期	宿舍号	存在的问题	问题责任人	问题整改情况	整改监督人	监督时间	备注

在宿舍检查的过程中，如果在给予提示和警告后，发现仍然有住宿人员拒不按照企业的住宿管理规定执行的，应当按照住宿管理规定采取相应的措施对其进行处理。

4.2.6 租房补贴管理

宿舍管理需要耗费一定的人力、物力和财力，管理成本比较高，当企业规模比较小时，可能难以负担这样的管理成本。这时候，如果企业仍然想把为员工解决住房问题作为一种员工福利，就可以采用向员工发放租房补贴的方式。

企业在制定租房补贴的标准时，可以遵循如下原则。

1. 享受人群

享受租房补贴的人群一般应当是符合企业的住宿条件，但又不选择在企业内部住宿的人员。不符合住宿条件的人员不应享受租房补贴。

有的企业规定每月都给全体员工发放住房补贴，这种住房补贴与为解决员工住房问题而发放的租房补贴性质不同，但有条件的企业也可以将其作为不给员工提供宿舍的补偿。

2. 补贴标准

租房补贴的标准应当参照住宿盘点统计出的企业人均住宿成本。租房补贴标准参考值的计算过程如表 4-12 所示。

表 4-12 租房补贴标准参考值的计算过程

所在地区	宿舍编码	住宿成本（元／月）	住宿人员	人均住宿成本（元／月）	租房补贴标准
北京	001	8 000	8	1 000	1 000
杭州	002	6 000	10	600	600
济南	003	5 000	10	500	500

在制定租房补贴标准时，除了参考企业当前已经付出的人均住宿成本之外，还应参考所在城市或地区的实际租房成本。因为不同城市或地区的租房成本是不同的，可以根据地区的不同，制定不同的租房补贴标准。

为了鼓励员工按时出勤，租房补贴可以与员工的出勤考核挂钩，按照员工的出勤率折算。

【举例】

某公司给满足住宿条件但不住宿的员工每月发放租房补贴，补贴标准为300元/（人·月），但每月实际发放的租房补贴还要按照实际出勤率进行折算。张三是该公司的员工，某月张三的应出勤天数为20天，实际出勤天数是15天。

张三该月实际发放的租房补贴 =300×（15÷20）×100%=225（元）。

企业也可以规定当员工的出勤天数达到一定天数时，即发放全额租房补贴；当员工的出勤天数小于一定的天数时，不发放租房补贴。

【举例】

某公司给满足住宿条件但不住宿的员工每月发放租房补贴，补贴标准为300元/（人·月），但当月出勤天数大于14天时，才全额发放租房补贴；当月出勤天数大于7天、小于等于14天时，发放一半的租房补贴；当月出勤天数小于等于7天时，不发放租房补贴。

张三是该公司的员工，某月张三的应出勤天数为20天，实际出勤天数是15天。

张三该月实际发放的租房补贴是300元。

3. 上报要求

各部门应当根据企业规定，将领取租房补贴人员的具体情况上报给行政管理部，租房补贴领取人员情况上报表如表4-13所示。

表4-13 租房补贴领取人员情况上报表

地区	部门	人员编码	姓名	×月出勤天数	×月租房补贴	租房地址

行政管理部应根据各部门上报的租房补贴领取人员情况，进行一定的核对

检查，并报财务部以便其核算工资。

4.2.7 宿舍物品管理

对于为员工提供住宿物资的企业，在员工住宿前，应做好宿舍物品的发放工作。在员工领取住宿物资时，企业需做好登记，宿舍物品领用登记表如表4-14所示。

表 4-14 宿舍物品领用登记表

宿舍编码	领用员工	领用物品（打勾）							领用员工签字	领用日期
		棉被	褥子	枕头	床单被罩	脸盆	门钥匙	衣橱钥匙		

一般来说，员工领取的宿舍物品是企业免费提供给员工的，不能强制员工购买或缴纳押金。如果这些物品被员工损毁，企业不应当追究员工责任。这类物品企业一般只在员工入住宿舍时发放一次，若员工损毁后还需要使用，则应自行购买。

对于宿舍中的设施设备、公共物品等不属于可领取的住宿类物品，员工应做好这类物品的保护工作。如果这类物品因住宿员工使用不当而损毁，应由损毁物品的员工照价赔偿。若无法确定责任人，可以由宿舍内所有住宿人员均摊费用。

对于宿舍内的设施设备、公共物品等，宿舍管理员要定期检查其完备性，发现问题及时追责。在员工办理住宿手续或办理退宿手续时也要做好这类物品的检查工作。

对于公共区域的设施设备，宿舍管理员也应定期进行检查，当设施设备被损坏时，如果能确定责任人，可以根据企业规定和物品价值，由责任人赔偿全部或部分费用；如果不能确定责任人，应及时上报维修，由企业承担维修费用。

【实战案例】某上市公司宿舍管理制度

某上市公司制定的宿舍管理制度内容如下。

1. 目的

宿舍是公司提供给员工的福利之一，为保障员工有一个清洁、卫生、安全的住宿环境，同时为了维护公司财产安全，特制定本制度。

2. 范围

公司所有宿舍，所有住宿员工。

3. 宿舍管理

（1）宿舍安全秩序

①严禁携带易燃、易爆、有毒物品及其他危险品进入宿舍，一经发现做开除处理，情节严重者报请公安机关处理。

②严禁乱搭接、拆改电线电路，严禁在宿舍内生火，严禁在宿舍内使用电热毯、"热得快"及电饭煲等大功率电器。

③严禁在宿舍酗酒、聚众赌博、打架，严禁盗窃及盗用不属于本人的财物，情节严重者报请公安机关处理。

④严禁高空抛物、乱扔垃圾和烟头、乱倒污水。

⑤严禁非住宿人员晚上留宿，严禁在宿舍接待宾客。

⑥住宿员工必须服从房号和铺位安排，未经允许不准私自更换铺位，不准私拆床架。

⑦损坏公司财产的责任人应照价赔偿。员工应相互监督，正确使用相应物品及设施设备，以保障公司财产完好。如无法确定损坏责任人，则宿舍内的所有住宿人员均有赔偿公司财产损失的责任。

（2）宿舍卫生秩序

①各宿舍推选宿舍长一名，负责本宿舍相关事务并安排员工轮流值日、打扫卫生。

②住在宿舍的员工必须讲究公共及个人卫生，不准随地吐痰，衣物、床被须干净、整洁。

③各宿舍按住宿的名单顺序轮流值日，值日人员负责房间卫生打扫及公用设施的维护，如有异常情况，及时向行政管理部报告。

④个人物品应摆放整齐，不得乱扔乱放、妨碍他人、影响宿舍公共卫生。（注：床底鞋子不超过 3 双，洗漱用具放在盆里并统一放在床下）

⑤洗手间、下水道不准乱扔杂物、纸张等，以防堵塞。

（3）宿舍公共秩序

①不准在宿舍内乱张贴、乱拉绳索、乱打铁钉、乱动公共设施和他人财物。

②宿舍内应保持安静，严禁大声喧哗及大声播放音乐，22：00 后不得有影响他人休息的行为，外出人员必须在 22：00 前回到宿舍，22：00 后所有宿舍必须熄灯就寝。

③不准在宿舍内做有伤风化之事。

④搬离宿舍时应上交门卡或钥匙并保证公共设施完好无损，否则按上述相应规定处理。

⑤不得在宿舍内饲养宠物，也不能带宠物进入宿舍。

4. 住宿申请

（1）公司不强制员工住宿，员工可以根据个人情况选择是否在公司宿舍居住。

（2）有需入住宿舍的员工，必须提前申请，并在申请通过后由员工所在部门发邮件告知宿舍管理员入住宿舍员工的姓名和性别，然后由宿舍管理员安排此员工的宿舍房间号和床位号。

（3）所有需要住宿的员工都需要到财务部交纳200元的住宿押金（退宿时若无异常可返还），并持住宿押金单到宿舍管理员处办理登记入住。

5. 退宿

（1）当员工不需要住宿或达到公司不再提供住宿的条件时，可以申请退宿。

（2）员工退宿前，需要做好物品清点，并配合宿舍管理员一起做好公司物资情况的确认工作。

（3）凡辞职或被辞退员工必须在结算工资前搬出宿舍。

（4）员工搬出宿舍后，可以凭宿舍管理员开具的退宿证明到财务部申请返还住宿押金。

（5）员工搬离宿舍之后，宿舍管理员应发邮件通知其所在部门。

以上规定从颁布之日起实施，请各位员工互相监督，共同遵守。

若有违反，公司将追究责任人相应的责任。

【实战案例】某上市公司员工住宿协议

某上市公司拥有自有房产和租赁房产两种宿舍资源，有能力给员工提供住宿。但宿舍资源比较紧张，且经过该公司计算，当员工住公司统一提供的宿舍时，公司需要付出一定的管理成本，且有一定的安全风险。

为了节省宿舍资源，该公司决定给未婚的外地员工提供住宿福利，且给员工提供了两种住宿方式。一种是员工可以在公司住宿，但必须遵守公司的住宿管理制度；另一种是员工可以自行寻找住房居住，公司向其发放住宿补贴，但员工须保障个人安全。

为了明确员工的选择，该公司拟订了员工住宿协议，模板如下。

员工住宿协议

甲方（公司）：　　　　　　　乙方（员工）：

组织机构代码：　　　　　　　身份证号：

一、适用范围：未婚的员工（家庭住址在工作地的除外）。

二、上述员工可自由选择由公司安排宿舍或自寻住房居住。

三、选择在公司宿舍住宿的员工，须持住宿申请表和住宿押金单到宿舍管理员处进行登记。

四、由公司安排宿舍的员工，应服从公司的统一调配，严格遵守公司的宿舍管理制度及作息安排。因员工个人原因导致自身或他人人身受到损害或财产受到损失的，员工需承担全部责任。

五、任何住宿人员不允许带非住宿人员进入宿舍，如有违反，员工需自行承担全部后果。

六、宿舍是公司给员工提供的休息场所，为了保障员工的人身安全，所有员工禁止在宿舍私拉电线，禁止使用电热毯、"热得快"及电饭煲等大功率电器，如有违反，员工需自行承担全部后果。

七、当员工要搬离宿舍时，应做好退宿手续。

八、自寻住房居住的员工，公司不承担任何管理义务和保障义务，亦无须为员工的个人行为承担任何责任。

九、无论自寻住房居住还是在公司宿舍住宿的员工，均应保证：

1.遵纪守法、品行端正，不打架斗殴、不酗酒滋事；

2.注意安全，风险自担。

十、自寻住房居住的未婚员工，公司将额外给予住宿补贴：300元/（人·月），将随工资一同发放。

十一、员工自结婚登记之日起即失去领取住房补贴的资格，员工应于结婚登记之日后的7日内告知公司行政管理部；隐瞒结婚登记事实骗取公司住房补贴者，公司将依法追究责任。

十二、本协议生效时间：自双方签订本协议之日起至员工失去在宿舍居住或领取住宿补贴的资格为止。

员工声明：本人已充分阅读并完全了解上述各条款内容并承诺完整、切实履行，本人自愿选择下列方式。

□公司安排住宿　　　　　　　□自寻住房居住

甲方（公司）：　　　　　　　乙方（员工）：

签订时间：　　　　　　　　　签订时间：

第 5 章

企业会议管理

会议是企业进行信息传递和沟通的重要方式。在企业中，会有各种各样的会议定期或不定期地召开。企业做好会议管理，可以更高效地进行工作沟通，有助于促进工作顺利开展和有效落实。

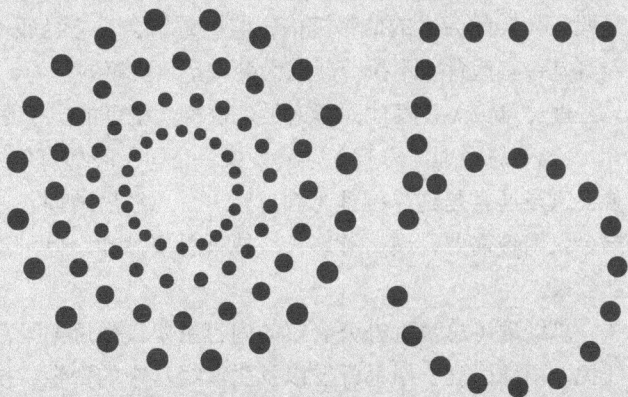

5.1 会议筹备管理

凡事预则立，不预则废。会议开始前的筹备工作是会议管理最重要的工作之一，是会议管理的前提和核心，也是使各类会议按照预想目标和计划顺利进行的关键保障。

5.1.1 常见会议分类

企业中常见的会议一般分为3类：第1类属于常规会议，第2类属于特殊会议，第3类属于专业会议。

常规会议是按《中华人民共和国公司法》和惯例召开的会议，一般是具有一定的程序和规范的会议，主要包括股东大会、董事会、监事会、总经理（总裁）办公会议、高管会议和员工大会等。

（1）股东大会，也称股东会。凡持有公司股份的人都被称为股东，但不是所有股东都要参加股东大会，一般对参加股东大会的股东有股份额的要求。

有些大型公司或集团公司的股东太多，而且较为分散，集中召开会议不方便，一般采用根据股东数量按照一定的比例推选代表的方式来召开股东代表大会，其职权同股东大会一样，体现全体股东的意愿。

（2）董事会。股东大会推荐或选举的董事、执行董事、董事长或董事局主席组成董事会，它是股东大会闭会后的执行机构，负责执行股东大会的决定、决议和各项决策，并定期向股东大会报告执行的情况，听取股东们的意见和建议。

（3）监事会。股东大会推荐或选举的监事、监事会主席组成监事会，它是股东大会闭会后的监督机构，监督董事会、总经理（总裁）的工作情况，查看其是否有违背或不执行股东大会决定、决议的行为，还负责监察董事会成员、总经理（总裁）、其他高管人员是否有渎职等情况，并负责报告给股东大会。

（4）总经理（总裁）办公会议。公司一般都有总经理（总裁）办公会议，参会人员通常是副总经理（副总裁）、总经理助理、办公室主任，有时也会根据会议内容需要，邀请董事长或执行董事参加，也可请总工程师、总设计师参加会议。

总经理（总裁）办公会议的内容主要包括近期经营计划、企业管理、人事任免、招商引资、新品开发以及生产经营中的资金、技术、策略等。此会议由总经理（总裁）主持，会议时间可由企业自行安排，可以每月一次或半月一次，也可以每周一次。

（5）高管会议。这种会议的形式很多，一种是公司中层干部会议，参与人员包括分公司经理、部门经理、部门主任等，统称为高管人员；另一种为公司直属的部门会议；还有一种是分公司、部门经理、生产负责人参与的会议。高管会议一般由总经理（总裁）主持，也可由总经理委托副总经理（副总裁）主持召开。召开时间由企业根据实际情况确定即可。会议主要围绕传达贯彻董事会、总经理（总裁）办公室的工作部署和重要决策，以及讨论生产经营上的具体问题来展开。

（6）员工大会，也称为员工代表大会。中小企业的员工少，较为集中，没有分支机构，可以定期召开员工大会，可以一年一次或半年一次。大型企业或集团公司下设的分支机构多，如跨地区、跨行业的分公司、工厂、连锁门店等，其员工人数很多，不能集中召开员工大会，这时可以召开员工代表大会，员工大会和员工代表大会都是员工参与企业管理的一种形式。会议内容主要包括介绍某段时期的企业经营状况，告知员工企业未来的发展方向；传达董事会的重要决定和决议；广泛听取员工对企业的意见、建议和要求；对先进部门、先进个人和劳动模范进行表彰和奖励等。员工大会一般由总经理主持，董事长、执行董事、监事会主席、监事都可以参加，通常一年召开一次。

特殊会议在会议的时间、规模、议程上都不受限制，主要有谈判会、洽谈会、展览会、年会等形式。

（1）谈判会。一般指的是商务谈判会，即通过谈判讨论、解决实质性问题的会议。谈判会必须有参与的主体和客体，主体是在谈判中通过主动了解对方并影响对方，从而使对方认可自己经济利益的一方；客体则是主体所要了解并对其施加影响的一方。谈判中双方就共同关心的问题进行讨论，力求达成共识。

（2）洽谈会。也是谈判会的一种，但没有谈判会那么严肃、正规，相对来讲洽谈会比较自由、宽松，会议主题也可以根据需要随时进行调整。洽谈中，对于一时无法达成共识的问题，可以暂时放下，另找时机再谈。有时会出现对峙或僵局态势，可临时休会，调整好再复会。

（3）展览会。展览会是利用开会的形式进行产品的展览、展销和展示，同时洽谈项目、招商引资等。展览会一般由一个或多个单位举办，参展单位较多、展示范围较大、展示的品种较为丰富。展览会可以是营利性的，兼有交易功能；也可以是非营利性的，主要发挥宣传教育和艺术鉴赏的功能。

（4）年会。企业年会一般用于各部门报告本年度的工作业绩，以及确定下一年度的工作计划。年会一般在年终举行，不仅可以进行总结表彰，还可以开展一系列的庆祝活动。

专业会议是指企业内部为了解决在生产经营、管理等过程中出现的实际问题而召开的会议。这类会议没有固定模式、时间和参加人数，主要根据企业实际情况而定。

专业会议包括财务分析会议、质量检验会议、安全生产会议、技术研发会议、市场开发会议、新品研发会议等。企业可以视情况选择，由副总或部门经理主持，定期或不定期召开这类会议。

5.1.2　会议制度建立

企业中的会议种类很多，为了规范企业会议的组织和管理，保证会议召开的质量和效率，提高各部门间工作沟通的顺畅度，企业行政管理部应根据本企业的实际情况制定相应的会议管理制度。

会议管理制度主要包含总则、组织会议要求、会议分类、会议管理要求、会议跟踪、会议处罚等内容。

总则部分要说明公司制定本制度的目的，各类会议的举行都应遵循此目的。

组织会议要求部分一般是对会议工作作出宏观要求，包括从会议准备到会议跟踪的每项工作的意义以及对员工、对公司的要求等。

会议分类部分主要是说明公司各类会议的用途以及相应的职责。

会议管理要求部分主要包括对会议组织方、会议参与方的管理要求。

会议跟踪部分一般要说明对会议中涉及的工作安排、工作部署的后续跟踪情况的要求，由专人跟踪汇报。

会议处罚部分通常是对参会人员的基本纪律要求。

5.1.3　会议主题确认

会议主题一般是指会议中需要商讨研究的主题内容，由公司领导确定，行政管理人员协助实施。在确定召开会议后，行政管理部要有针对性地搜集一段时间以来各部门的工作情况，例如，哪些工作出现了哪些问题，在哪个环节出现问题，哪些问题亟待解决等。

行政管理人员应广泛、深入、细致地了解各部门的工作情况，从中找出最需要在会议上研究的内容，供领导参考。

会议方案是指在召开会议前制定的开会方案。大型的会议方案一般包含会议名称、会议内容、中心思想、会议任务、会议地点、参会人员、会议期限、日程安排、出席领导、注意事项等内容。

在会议开始之前，行政管理人员应当立足于"5W1H"原则进行事先准备。

（1）why（为什么）：了解为什么必须召开这个会议，明确是否有除了会议之外的能够解决问题的方法。

（2）what（什么）：对议题是否符合会议目的进行确认。

（3）where（哪里）：对是否有能够容纳所有人的场地进行确认。

（4）when（时间）：对会议时间的选择是否恰当、会议时间长度是否恰当进行确认。

（5）who（谁）：让适合议题的人出席会议。

（6）how（如何）：对如何得出符合议题的结论进行讨论。

在会议开始之前，应当做出 2 类思考。

（1）思考是否存在开会的必要：是否一定要召开会议？是否存在更高效的解决问题的方式？能不能与其他会议一起召开？能不能不开会就解决问题？

（2）思考能否最大限度地简化会议：能不能减少会议的参与者？能不能减少会议的频率、时间和资料？

5.1.4 会议经费预算

组织会议必然会产生费用，行政管理部在做会议安排前，先要进行会议经费预测，根据不同的会议制定合理的会议经费预算。

会议经费包含会场服务费、交通费、食宿费、资料费等，行政管理部可根据会议的实际情况制定适合的会议经费预算表，如表 5-1 所示。

表 5-1　会议经费预算表

类别	费用项目	单价	数量	小计
会议资料	会议手册			
	会议签字笔、纸			
	证书 / 牌匾			
	嘉宾证、代表证、工作人员证			
会议布置	大（小）会议室			
	横幅、座位牌、主席台等			

类别	费用项目	单价	数量	小计
交通住宿	飞机票/高铁票			
	接待用车/出租车			
	住宿费			
餐饮费	午餐费			
	晚宴			
	会议矿泉水			
	会议茶歇：点心、咖啡、水果等			
会议礼品	会议伴手礼/定制礼品			
其他项目	……			
总计				

5.1.5 会场选择布置

无论是什么会议，会议场地的选择都是重要的工作之一，行政管理部在选择会议地点时，需要考虑到会议的目的、会议时间长短、会议预算等因素。

常规会议一般在公司内部会议室举行，这类会议通常都是决定公司重要事件的会议，在公司内部举行花费少，而且效率高。

一般展览会、年会这类会议都会在公司外的场地进行。在展览会上，公司会有很多重要的产品展出，同时要招待很多的客户，在选择会场时，除了要符合展会的布局外，还要考虑交通、周边环境等因素，方便参会人员的出行及住宿，不建议选择偏远的地方。年会一般是以表彰加娱乐的形式开展，会场可以选择在一些发展较成熟的酒店，这些酒店的会场布置较好，硬件设备比较齐全，可以节省很多的人力物力。如企业内部有比较大的会场，可以容纳的人数比较多，也可以选择在企业内部举行大型会议，但是同时要避免因交通、住宿不便而降低参会人员的到场率。

不同的会场，其布置也有所不同。大型会议的会场大多设有主席台，形成与参会人员面对面的结构；中型会议的主席台设在舞台上下都可，设在舞台下面，要离参会人员近一些，同时稍微垫高一些；小型会议通常不需要设主席台。

会场的桌椅摆放根据会场大小、形状、会议的需求、参会人数而定，同时要符合大众的审美观，常见的会场桌椅布置形式有以下几种。

（1）圆桌型，在圆桌或方桌的周围摆放椅子，参会人员可以面对面地自由交谈，一般适用于小型会议。

（2）"U"字形，摆成"U"字形时，要注意投影幕的位置，不要偏离投影幕的位置。一般重要领导要安排在正对投影幕的位置，保证他们可以清楚地看到屏幕及汇报人。

（3）岛型适用于需要分组讨论的会议，方便参会人员进行组内讨论。岛型的布置受会场大小的限制，若会场比较小，一般不建议摆成岛形。

（4）教室型适用于发布会、员工大会等参会人数较多的会议，通常根据参会人数及会场大小选择只在第1排摆放桌子或每排都摆放桌子。

5.2 会议期间管理

做好了会议前的准备工作后，就需要对会议进程进行管理。会议运行期间，如果没有管理到位，会议很可能会偏离主题，不仅不能达到应有的会议效果，而且会浪费参会人员的时间，让参会人员对会议产生反感。

5.2.1 会议签到准备

会议管理人员应当至少提前45分钟到场，提前20分钟将会场布置到位，并要在会议开始之前做好会议的签到工作。会议签到一般应在会场门口进行，参会人员在进入会场前应完成签到，有需要提前申领的会议资料，可以在签到时申领。

会议签到表如表5-2所示。

表5-2 会议签到表

时间：地点：主持人：					
姓名	部门	签到时间	姓名	部门	签到时间
备注：					

所有参会人员应严格按照会议通知的时间准时到达会场，不得无故缺席，到场后应先签到。为强化会议管理，企业可以规定不签到的参会人员等于没有参加会议，或者给予其一定惩罚。

5.2.2　会议纪律管控

发言人员应严格按照会议议题列好发言提纲。会议过程中，非发言人员应保持安静，认真聆听。所有参会人员的手机必须处于关机状态或调至震动模式，若因业务需要确实要拨打或接听电话，必须到会场外进行。

在会议进行的过程中，应当设立一名会议纪律检查官，一般可以由会议主持人担任。会议纪律检查官应随时维持和管控会议纪律，包括以下几个方面。

（1）在会议正式开始之前，向所有参会人员宣读会议纪律和会议制度。

（2）对迟到者，根据会议管理制度实施相应处罚。

（3）及时对会议过程中不按照会议流程进行的情况进行提醒。

（4）控制会议的时间，对会议过程中发言时间较长的参会人员进行提醒或制止其继续发言。

（5）及时提醒会议过程中发言带有情绪的参会人员，必要时将其请离会场。

（6）及时制止会议中的私下讨论行为，对拒不改正者可以请离会场，并进行相应处罚。

（7）及时制止会议上态度恶劣或攻击他人的行为，并在记录后进行相应处罚。

开会的目的就是解决问题，如果会议没有取得一定的结果，将是对全体参会人员时间的浪费，所以每个人都要积极地参与到企业会议中去。

会议组织者有权打断那些偏离会议主题的冗长发言。一个议题不能讨论过久，如不能得出结论可暂时放下，避免影响其他议题的讨论。

会议主持人要设置时间提醒，如现在还有60分钟、还有30分钟、还有10分钟，督促会议结果尽快出台。

企业会议的决议要形成记录，并当场宣读出来确认。各项决议一定要有具体执行人员及完成期限，如此项决议的完成需要多方资源，一定要在决议记录中明确说明，避免会后互相推诿，影响决议的落实。

没有确认的问题，可以另外再讨论；达成共识并确认的结论，应当马上进入执行程序。

5.2.3　会议纪要管理

每次会议都要有一个完整、准确的会议纪要。会议进行过程中，会议记录人要做好会议纪要。会议纪要中要简明扼要地说明会议议程和会议内容，并重点记录会议中暴露出的问题、需要实施的工作内容或措施，以及这些工作内容的相关责任人、完成时间和检查落实人员。

会议纪要模板如表 5-3 所示。

表 5-3 会议纪要模板

会议名称		会议编号	
会议时间		会议地点	
参会人员类型		参会人数	
会议主持人		会议记录人	
会议议程			
会议内容纪要			
会议决议内容			
会后布置工作落实			
工作内容	**责任人**	**预计完成时间**	**检查落实人**
备注			

会议结束前，会议记录人应与所有参会人员核对会议纪要，重点核对会后布置工作的落实情况。核对工作完成后，会议记录人应在会议现场或会议结束后的一定期限内将会议纪要发送给相关人员，以便会议的落实工作有迹可循。

根据不同的会议类型，会议纪要可以选择性地发送给没有参会的人员。例如在会议的工作落实中，提到某项工作需要某个责任人或某个检查落实人参与，但该人员没有参与会议，则可以把会议纪要发送给该人员。

对于一些会议决议内容需要公开的情况，会议记录人应当把会议决议部分发送给行政管理部，由行政管理部将该内容以通知形式告知相关部门。

会议纪要的功能除了记录会议过程之外，还可以用来评估会议决议和实际落地情况之间的差异，以便未来进行改进。

5.3 会后管理

会议形式上的结束不代表会议真的结束了。为了让会议决议有效落地，在会议结束后，会议管理人员要做好会后的检查、跟踪和评估工作。

5.3.1　会后工作检查

企业要建立会议的事后跟踪程序，会议的每项决议都要有跟踪和核查，要有明确的跟踪人与检查人。如果决议运行出现意外情况，可以及时发现、适时调整，确保各项会议决议都能够顺利完成。

对会议结果的检查，可能会用到会后工作检查表，如表 5-4 所示。

表 5-4　会后工作检查表

会议名称	会议编号	工作内容	责任人	预计完成时间	检查落实人	检查落实时间	工作完成情况	备注

会议中确定的检查落实人应当根据预计完成时间落实工作的完成情况。检查落实的时间一般在预计完成时间之后的 3 天之内。如果工作内容达到预期效果，则该工作完成；如果没有达到预期效果，应当与责任人确认工作没有完成的原因及推迟的完成时间。如果工作内容有变化，应当记录变化的原因。

会后工作检查表应当作为下一次会议正式开始之前，对上一次会议落实情况进行评估的文件。对不重视会议结果、工作开展不力的责任人，应当追责。这样做也是帮助企业全体员工养成重视会议结果的习惯。

5.3.2　会议质量评估

会议质量评估指的是评估会议实际效果与预期效果相比的完成程度。会议质量评估对企业来说意义重大，可以由企业管理部门负责。

对会议质量的评估应当由有一定权限的员工负责。如果把这项工作交给权限较低的员工做，一方面，该员工自身有职级限制，很难对其他平级或高级的责任人追责；另一方面，该员工可能会把这项工作当成一项任务来完成，很难就问题进行交流和沟通。

相关事务性工作（如资料收集）或比较简单的会议后工作任务评估可以交给权限较低的员工去完成。

对会议质量的评估包括对工作任务完成质量的评估。与会议工作的检查落实人不同的是，会议质量评估人对这项工作的评估不应等到会议布置的工作任务完成时间截止之后才做。在任务完成时间截止之前，会议质量评估人就应该实施一些过程中的监控，便于发现问题并及时调整，保证达到预期效果。

对会议质量的评估可以分成以下4个层面。

（1）组织层面的评估，指的是对会议总体的组织情况进行评估，包括前期准备、中期把控情况以及参会人员对会议组织的满意度。

（2）认知层面的评估，指的是对会议进行过程中，参会人员的信息获取情况进行评估。

（3）行为层面的评估，指的是对会议中要求员工改变的行为是否得到真正的改变进行评估。

（4）结果层面的评估，指的是对工作之后形成的成果是否创造价值进行评估。

5.4 远程会议管理

任何会议都有成本，有时候会议成本会高到难以实现。开会的目的本质上是信息互通，要达成这个目的，不一定要把所有人放在同一时间、同一地点，开会还可以采用其他更丰富的形式。这些形式能够让会议摆脱时间和空间的限制，降低会议成本，提高会议效率，达到会议目的。

5.4.1 远程会议选择

远程会议指的是运用各类通信手段，实现在不同地域召开会议的目的。远程会议的常见形式可以包括运用互联网的网络视频 / 音频会议、电话会议和社交软件的"聊天群"会议等。

运用互联网的网络视频 / 音频会议和电话会议能让会议摆脱空间限制。参会人员可以在自己的办公桌前开会，可以在交通工具上开会，甚至可以在国外开会。

运用社交软件的"聊天群"会议可以摆脱时间限制，不要求实时回复的主题会议可以采取这种形式，例如就某个不紧急的问题召开研讨会、就某个非重点的专题召开讨论会等。开这种会议时，参会人员就主题发表意见时只需要在一定时间内回复，不需要实时回复，也不需要排队式回复。

常见的适合召开远程会议的情况有以下4种。

（1）存在物理空间限制，参会人员的空间距离远。

（2）开会的频率比较高，短时间内需要召开多次会议。

（3）开会成本较高，预期的成本高于收益。

（4）时间不定，参会人员有时间差。

5.4.2　远程会议注意事项

要有效召开远程会议，需要具备一定的硬件条件和软件条件。硬件条件是设备方面的条件，包括召开远程会议必备的器材、设备等；软件条件是参会人员方面的条件，包括参会人员对操作远程会议所需设备的认知和经验。

召开远程会议，有以下4点注意事项。

1. 需求性

召开远程会议同样需要考虑会议议题，有的议题适合开远程会议，有的议题不适合。另外，远程会议同样需要提前筹划、召集和管理。

2. 参与性

远程会议不是没有成本的会议，不是随随便便想开就开的会议。所以，远程会议和常规的会议一样，同样要考虑参会人员的必要性。

3. 易用性

远程会议中需要使用的设备要容易上手，最好界面友好、操作简单，让即便是第1次参与的人员也能快速上手。同时，用于召开远程会议的软件最好自带会议记录功能，便于会议记录的核查、复盘或存档。

4. 流畅性

召开远程会议需要注意手机信号质量或宽带质量，要保证通话质量，保证会议的交流过程流畅，避免出现"卡顿"。

【实战案例】会议通知模板

会议议程是指会议的流程表，包括会议目标、会议议题、会议时间及会议地点等内容。会议议程不仅能够规范会议的内容，而且也能约束会议的进行次序和沟通节奏。为了能让参会人员提前做好会议准备，会议议程可以随会议通知一起发送给参会人员。不是所有的会议都要拟订会议议程，但会议的基本流程还是应提前告知参会人员，以便大家做好准备。

会议通知一般采用书面形式下发，行政管理部要根据会议性质的不同，拟订不同的会议通知。

下发会议通知时要注意时间，下发时间不适宜太早，否则参会人员会遗忘；

下发时间也不适宜太晚，否则不便于参会人员安排工作、按时参加会议。

会议通知下发后，行政管理部要跟踪会议回执，明确参会人员情况，同时在会议正式开始前1~2天内与参会人员再次确认，以确保参会人员能够按时参会。

会议通知模板如下。

关于召开×××××会议的通知

各部门：

为×××××，公司定于××××年××月××日（星期×）在×××召开××××会议，现将有关事项通知如下。

一、会议时间

××××年××月××日（星期×）8：30~17：30。

二、会议地点

××××公司××楼××会议室。

三、参会人员

参会人员表

部门	职务	姓名

四、会议议程

会议议程表

会议议程		
程序	内容	发言人
1		
2		
3		
4		
5		
6		
7		
8		
9		
10		
说明	1.会议当天所有人员须着正装 2.会议中所用电子文件须提前一天发给会议工作人员	

五、其他事项

1.请参会人员提前10分钟到达会场，会议期间不得无故离席、早退、缺勤。

2.如有特殊情况不能参加，请填写会议请假流程单，并于会议前两天将其发送至行政管理部邮箱。

3.会议期间将手机关机或调至静音状态，保持会场安静。

4.如有任何疑问，请致电行政管理部 ××××-×××××××。

特此通知。

××××公司行政管理部

××××年××月××日

第 6 章

车辆物资管理

车辆管理和行政办公相关的物资管理是行政管理职责范围内涉及金额比较大、种类比较广泛的物品管理。车辆物资管理如果不到位，可能会导致行政管理费用增加，给企业造成不必要的损失。

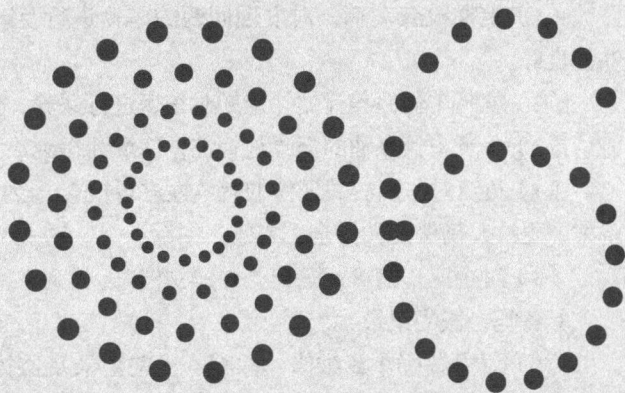

6.1 车辆管理

车辆是为了满足企业内部用车需求而存在的价值比较高的资产。对车辆的管理，应当本着安全、节省的原则，以高运营效率提供优质的服务。合格的车辆管理应保证车辆使用的规范化和秩序化。

6.1.1 车辆管理职责

设置车辆管理岗位的主要目的是配合行政管理部负责人做好车辆管理工作，满足企业各部门的用车需求。其职责是负责接送企业领导、客户，配合行政管理部完成接待工作，并负责车辆的维修与保养。

一些车辆比较少的企业会把车辆管理岗位等同于车队长岗位；一些车辆比较多的企业在设置车队长岗位的同时，还会设置车辆调度岗位，相当于把车辆管理岗位分成了车队长（以管理驾驶员为主）和车辆调度（以管理车辆为主）两个岗位。不考虑企业规模大小和车辆多少，本节统一使用车辆管理岗位进行讲解。

车辆管理岗位的主要职责如下。

1.满足公司各部门的用车需求

（1）负责企业客户来访时的按时接送，与用车部门确认客户接送时间、地点、人数后，安排好工作车辆。

（2）负责领导出差及各部门其他人员的用车安排。

（3）负责企业大型活动、会议等的用车调度。

2.负责车辆的维修与保养，并做好维修保养记录

（1）定期检查车辆，对发现问题的车辆进行及时维修，保证车辆的各项性能良好。

（2）编制车辆保养计划，定期对车辆进行保养，做好保养记录。

（3）负责车辆燃油的记录与管控，使燃油得到最大利用。

（4）负责对车辆有关证件的有效性进行检查，及时对相关证件进行办理、备案、更换，确保证件齐全、有效。

（5）对企业车辆进行登记，并建立档案。

3.各类台账的记录

（1）负责做好车辆维修、保养、出差记录及监控设备、设施的维修记录等各类台账。

（2）妥善保管各类台账备查。

4. 负责本部门人员的管理、培训

（1）负责对车队人员进行考核。

（2）负责对车队人员进行相关业务培训，不断提升其专业技能及综合素质。

（3）负责对车队人员进行保密培训。

（4）负责检查驾驶员工作日志，核实日志中列明的问题并及时处理。

5. 其他工作

（1）完成领导交代的其他工作。

（2）协助处理与本部门相关的突发状况。

6.1.2 车辆信息登记

行政管理部应当做好车辆的登记备案，掌握每一辆车的基本情况。每一辆车至少要配置一个管理责任人。如果某人或某部门长期使用某车辆，应在登记表中注明使用人或使用部门。车辆管理岗位人员应给每一辆车建立车辆档案，如表6-1所示。

表6-1　车辆档案

车辆基本信息	车牌号码		车型种类	
	发动机号码		车身颜色	
	车辆品牌		车辆型号	
	登记日期		行驶证有效期	
	识别代码（车架号）		核定载客人数	
	理论油耗（百千米）		油箱容积（升）	
	排气量		车辆尺寸	
	裸车价格		购车时间	
车辆保养情况记录				
车辆维修情况记录				
车辆购买保险情况记录				
车辆年检情况记录				

其他情况记录					
车辆目前使用情况	当前使用部门		当前管理责任人		使用年限	
	年初千米数		年终千米数		累计千米数	
备注					

车辆登记表如表 6-2 所示。

表 6-2　车辆登记表

项次	车辆类别				车牌号码	驾驶人	保险有效期	行驶证有效期	年审日期	识别代码（车架号）	排气量	核定载客人数	管理责任人	使用人或部门
	小客车	大客车	小货车	大货车										

如果每辆车只配备一名驾驶员，那么车辆管理责任人可以由该驾驶员担任。如果同一辆车有多名驾驶员在不同时间段使用，可以由其中比较资深、有责任心、具备管理能力的驾驶员担任车辆管理责任人。

6.1.3　车辆保养维修

车辆管理责任人应对其负责的车辆在每天出车前实施日常检查。日常检查一是为了安全，二是为了规范化管理。为防止车辆管理责任人在日常检查时出现遗漏，可以采取表单化的方式对车辆进行日常检查，将待检查项目在表单中列出。

车辆日常检查记录如表 6-3 所示。

表 6-3　车辆日常检查记录（样表）

车辆管理责任人				检查车辆车牌号			
检查日期	车内是否干净整洁	当前油量	当前里程数	水箱是否正常	机油是否正常	刹车是否正常	轮胎是否正常

在日常检查过程中如果发现问题，需要更换配件的，可以走相关流程申领车辆配件。车辆配件申领表如表 6-4 所示。

表 6-4　车辆配件申领表

配件名称	规格（型号）	数量	车牌号	申领人签字
车队队长		行政管理部负责人		
备注				

当车辆管理责任人在检查中发现车辆有故障，认为车辆需要维修时，可以走相关流程申请车辆维修。车辆维修申请表如表 6-5 所示。

表 6-5　车辆维修申请表

车牌号		车辆管理责任人	
报修原因			
主要故障			
维修类别			
车队长审批			
行政管理部负责人审批			
总经理审批			
备注			

车辆的维修应当采用定点维修、统一结算的方式。车辆维修点可以采取统一招标的方式进行选择，选择价格优、质量好、服务佳的维修点。车辆维修后换下的零配件应统一回收处理。如果驾驶员或车辆管理责任人在非企业指定的维修地点维修车辆，维修费用不予报销，车辆因此出现的一切问题，由相关责任人承担。

为了督促驾驶员使用车辆时爱护车辆，企业应规定由于驾驶员使用车辆不当造成的车辆损坏，由驾驶员个人承担全部或部分车辆维修费用。

为了保障用车安全、减少车辆故障、降低用车成本，车辆管理责任人必须根据车辆型号的养护规则定期对车辆进行保养。保养之后，记录每次保养的里程数、日期、金额和地点。车辆保养记录表如表6-6所示。

表6-6　车辆保养记录表

车型	车牌号	第1次保养里程数	第1次保养日期	第1次保养金额	第1次保养地点	第2次保养里程数	第2次保养日期	第2次保养金额	第2次保养地点	第3次保养里程数	第3次保养日期	第3次保养金额	第3次保养地点

如果因为车辆管理责任人疏于养护造成车辆损坏，应由车辆管理责任人承担全部或部分维修费用。

6.1.4　车辆使用申请

为保证企业车辆的有序使用，所有车辆应由行政管理部的车辆管理岗位人员根据确认后的用车申请进行统一调度。对于一般的用车需求，一般是由各用车部门提出申请，用车部门负责人审批后，经行政管理部负责人审批就可以开始调度车辆；对于比较特殊的用车需求（如远途使用或员工借用），可以增加总经理审批的流程。

车辆使用申请表如表6-7所示。

表6-7　车辆使用申请表

用车部门		用车人	
联系电话		用车人数	
申请日期		用车类型	
起止地点			
用车时间			
用车事由			

续表

备注				
用车部门负责人审批		行政管理部审批		车队负责人确认	
总经理审批（特殊情况）				

车辆管理岗位人员在收到确认后的车辆使用申请表之后，应根据当前的用车情况向车队开具车辆调派单。车队遵从行政管理部开具的车辆调派单安排驾驶员出车。车辆调派单如表 6-8 所示。

表 6-8　车辆调派单

用车人		用车部门		联系电话	
随行人数		用车类型		车牌号码	
用车时间			起止地点		
用车原因					
行政管理部审批					

车辆使用申请应在车辆使用前进行。如果有紧急用车的情况，不能在事前提出申请的，用车申请人可以先向部门负责人电话申请。部门负责人同意后，由部门负责人向行政管理部负责人电话申请。在行政管理部负责人同意后，由车辆管理岗位人员开具车辆调派单，统一调度车辆。事后，用车人应立即补填车辆使用申请表。

当企业出现同一时间多个部门集中用车的情况时，车辆管理岗位人员可以首先询问各部门是否存在调整用车时间的空间，以错开各部门用车的需求时间段；也可以查看同时间、同方向的部门是否可以合并用车。如果各部门无法调整用车时间，也无法合并用车，车辆管理岗位人员可以向外部租车公司或其他机构借用车辆或驾驶员。

车辆管理岗位人员在进行车辆调度时，应当优先满足企业的商务洽谈、客户考察、销售成交等偏市场端的用车需求。

6.1.5 车辆使用统计

驾驶员在接到车辆调派单后，应第一时间联系用车人，沟通等待地点和出发时间，核对用车情况。在开始用车前驾驶员应记录起始千米数，并请用车人监督。行车结束后，驾驶员应告知用车人行车情况，并请用车人签字确认。行车记录单如表6-9所示。

表6-9　行车记录单

用车人		用车部门		联系电话	
随行人数		用车类型		车牌号码	
用车时间			起止地点		
起始千米数			返回千米数		
用车原因					
用车人签字确认					

驾驶员应根据日常用车情况，在下班前形成驾驶员日报表，如表6-10所示。

表6-10　驾驶员日报表

驾驶员姓名						人员编码			
用车次数	使用车辆	出发时间	返回时间	耗时	车辆使用人	油耗	使用前仪表指示	使用后仪表指示	行走距离
第1次用车						升	千米	千米	千米
第2次用车						升	千米	千米	千米
第3次用车						升	千米	千米	千米
第4次用车						升	千米	千米	千米
第5次用车						升	千米	千米	千米
日累计出车次数			日累计油耗		升	日累计行车距离			千米
当日总结									

每次用车结束后，驾驶员应当找车辆管理岗位人员报到。如果遇到交通堵塞或意外情况不能按时返回，应当提前电话通知车辆管理岗位人员，说明原因，

以便车辆管理岗位人员掌握驾驶员和车辆的情况。

车辆管理岗位人员应对每天车辆的使用情况进行统计，形成车辆使用统计表，如表6-11所示。

表6-11 车辆使用统计表

日期	车号	驾驶员	用车部门	用车人	前往地点	车型	白班			夜班		
							出车点	收车点	用车时间	出车点	收车点	用车时间

在每月月底或下月月初时，车辆管理岗位人员应统计当月车辆的使用情况，形成车辆使用情况月报表，如表6-12所示。

表6-12 车辆使用情况月报表

车牌号码	类　别				驾驶人	行驶里程		汽油费		保养修理		事故次数	
	小客车	大客车	小货车	大货车		本月	累计	本月	累计	本月	累计	本月	累计

6.1.6 驾驶员的职责

设置驾驶员岗位的主要目的是满足企业车辆驾驶的需求，其职责是协助车辆管理岗位人员完成车辆的使用，并负责车辆的维修与保养工作。

驾驶员的主要职责如下。

1. 满足公司各部门的用车需求

（1）服从车辆管理岗位人员的安排，负责企业领导出差及客户来访时的按时接送，并满足企业各部门其他人员的用车需求。

（2）积极配合用车人员完成工作任务。

（3）用车过程出现特殊状况，如航班延误或取消，要及时联系车辆管理岗位人员，听从车辆管理岗位人员的安排。

2. 车辆的维修与保养

（1）每天清扫车辆，保持车辆的整洁。

（2）定期检查车辆，保证车辆的各项性能良好，如有需要维修的车辆，应及时上报车辆管理岗位人员。

（3）定期对车辆进行保养。

（4）车辆加油须到企业指定加油站加油，出差前必须领取出差加油卡，并做好出差前后的登记工作。

（5）负责对车辆有关证件的有效性进行检查，确保证件齐全、有效。

（6）妥善保管车辆，按企业要求在指定地点停放，确保车辆安全。

3. 各类台账的记录

（1）每次出车时记录出车时间、行程及里程数，并由用车人员签字确认。

（2）做好车辆维修、保养、出差等各类台账的记录。

4. 日常自我约束

（1）严格遵守交通法规。

（2）严禁酒后驾驶。

（3）掌握驾驶员的基本礼仪，对待乘客有礼有节。

（4）具有较强的保密意识。

（5）严禁公车私用。

（6）无论何时接到出车任务，都必须按企业规定完成。

5. 其他工作

（1）完成领导交代的其他工作。

（2）协助处理与本部门相关的突发状况。

6.1.7 驾驶员的考核

车辆管理岗位人员应当对驾驶员实施月度考核，每月的基础分数设置为100分。驾驶员的薪酬应当与考核结果有一定的关联，驾驶员每月实际发放的薪酬根据当月考核分数进行折算。

驾驶员的月度考核如表6-13所示。

表6-13　驾驶员月度考核（样表）

驾驶员		人员编码			
考核人		考核月份			
考核项目	考核指标	评分标准		权重	考核得分
出车任务	出车率	1. 达到___%以上，得满分 2. 每低于目标值___%，减___分		15%	
	出车及时率	1. 达到___%以上，得满分 2. 每低于目标值___%，减___分		10%	

续表

安全驾驶	安全事故的发生次数	1. 无安全事故发生，得满分 2. 只要出现一起安全事故，该项不得分	15%	
	车辆违规次数	1. 无车辆违规情况发生，得满分 2. 每出现一次违规，减___分	15%	
车辆维护	车辆维修费用	1. 控制在预算范围内，得满分 2. 每高于预算___%，减___分	15%	
	每百千米耗油量	1. 低于___升，得满分 2. 每高于目标值___升，减___分	10%	
出车记录	出车记录完整率	1. 达到___%以上，得满分 2. 每低于目标值___%，减___分	10%	
	出车记录准确率	1. 达到___%以上，得满分 2. 每低于目标值___%，减___分	10%	
考核得分总计				
评分标准	0 分（含）以上为优； 75 ～ 89 分为良； 60 ～ 74 分为中； 60 分以下为差			
驾驶员		考核人	复核人	
签字： 日期：		签字： 日期：	签字： 日期：	

对驾驶员的考核除了主考核项之外，还可以针对驾驶员的日常行为设置额外的增减分项目。驾驶员的增分标准如表 6-14 所示。

表 6-14　驾驶员的增分标准

考核内容	增分标准	备注
发现车辆安全隐患且及时报告，避免了重大事故、财产损失	1 ～ 3 分	
对应急情况处理得当，为公司挽回经济损失	1 ～ 2 分	
驾驶员全年安全行车，未出现交通事故	1 ～ 2 分	
油费、维修费（包括轮胎更换、内饰等费用）比上一年有所下降	1 ～ 2 分	
日常工作表现突出，提供优质服务，受到有关领导表扬	1 分	

驾驶员的减分标准如表 6-15 所示。

表 6-15 驾驶员的减分标准

考核内容	减分标准	备注
违法犯罪	100 分	严重违反企业规章制度，发生一次直接解除劳动关系
驾驶证照失效未重新办理者	100 分	
私自将车辆交给无证人员驾驶	100 分	
因工作失职造成企业损失 1 000 元以上	10 分	视严重情况和发生次数，参考企业规章制度进行进一步处置
无故旷工	10 分	
上班时间喝酒，酒后驾驶，打架斗殴	10 分	
对员工、来宾言行轻浮或粗暴无礼，索取好处或故意刁难	3 分	
不服从管理，工作不认真，无理取闹，影响工作正常开展	3 分	
发生本人应负主要责任的交通事故	3 分	
上班时间不请假外出，无故脱岗	3 分	
未经领导批准，将自己负责的车辆交给他人驾驶或练习驾驶	3 分	
公车私用	3 分	
违反交通规则，有违章行为	2 分	
未经许可擅自调班	2 分	
不按规定时间上下班，迟到或早退	2 分	
泄露企业领导重要谈话，泄露公司及客户重要信息	2 分	
上班时间形象不佳，不按规定着装，工作服与便服混穿	1 分	
满口污言秽语	1 分	
上班时间内未被派出车，非工作需要随便乱窜其他部门	1 分	
车辆内外不整洁	1 分	
出车不准时	1 分	
随意更改路线	1 分	
在工作中相互之间不协调、不支持，影响工作造成不良后果	1 分	
不书写工作日志，工作日志不规范、不翔实	1 分	
对于发现的情况虚报、瞒报、漏报，未及时处理	1 分	
未对所负责车辆建立台账、做好记录	1 分	
对制度的执行力度差	1 分	

6.1.8　事故违章管理

企业所有车辆的保险必须由行政管理部统一在保险公司购买。保险公司的选择同样应当考虑价格和服务质量。

当车辆发生事故时，驾驶员应当先救助伤患，再报警处理事故，并尽快与车辆管理岗位人员取得联系。如果事故情况较轻微，可以第一时间与车辆管理岗位人员联系，然后与交警和保险公司联系。如果驾驶员正在完成公事的途中，车辆管理岗位人员应首先派出车辆替代事故车辆完成公事，再协助事故车辆驾驶员处理事故。

根据交警开具的事故责任认定书，如果事故车辆驾驶员无责任，驾驶员和车辆管理岗位人员应追回相应赔偿；如果事故车辆驾驶员有责任，驾驶员和车辆管理岗位人员应积极配合其他相关人员做好保险索赔和车辆维修工作。

对于应由驾驶员承担责任的交通事故，企业可以事先定义好不同的交通事故等级，以此对相应驾驶员实施不同的处罚，如表6-16所示。

表6-16　不同等级交通事故对驾驶员的处罚方式（样表）

事故等级	事故定义	处罚标准	备注
重大事故	有人员死亡或造成10万元（含）以上的损失	停职，并承担损失金额的12%	
大事故	有人员受重伤或造成5万元（含）到10万元的损失	降职，并承担损失金额的10%	
中事故	有人员受轻伤或造成2万元（含）到5万元的损失	留用察看，并承担损失金额的8%	
小事故	无人员受伤或造成2万元以下的损失	通报批评，并承担损失金额的6%	

车辆管理岗位人员应每月查询所有车辆的违章情况，找到违章责任人，并形成车辆违章记录，如表6-17所示。

表6-17　车辆违章记录

序号	车牌号码	违章日期	违章原因	违章处理	违章责任人

所有车辆因为违章产生的扣分和罚款应全部由违章责任人承担。如果因证照过期或不齐全造成违章，由相关责任人承担。

为了鼓励驾驶员安全驾驶，应对全年没有出现任何事故和违章行为的驾驶员给予一定的表彰或奖励。

6.1.9 车辆费用管理

企业车辆应当使用统一的油卡加油。油卡由车辆管理岗位人员统一保管。当车辆剩余油量低于油箱容积的25%时，车辆管理责任人或驾驶员可以申请加油。每次加油后，车辆管理岗位人员应统计加油的费用，形成车辆加油费用统计表，如表6-18所示。

表6-18 车辆加油费用统计表

加油日期	车辆型号	车牌号码	加油量	加油费用	经办人

为便于对加油过程进行管控，正常情况下不得用现金加油；如遇特殊情况，例如企业车辆在外长途驾驶或油卡损坏无法正常加油时，可以电话申请用现金加油，加油后凭发票进行报销。

企业油卡应仅限于企业内部的车辆使用，严禁任何人倒卖、外借。车辆管理岗位人员要特别关注车辆的油耗情况和千米数，发现异常状况及时核查，发现问题后及时进行整改。

车辆管理岗位人员每月应统计月度车辆费用的使用情况，并定期上报行政管理部负责人。月度车辆费用统计表如表6-19所示。

表6-19 月度车辆费用统计表

保险费用 （平摊到月度）	修理/保养费用	加油费用	其他费用
合计	合计	合计	合计

每年年底，车辆管理岗位人员应形成年度车辆费用统计表，如表6-20所示。

表6-20　年度车辆费用统计表

车型	车牌号	千米数	行驶千米数	加油费用(元)	每百千米油耗费用(元)	保险费用(元)	违章次数	保养次数	保养费用(元)	修车次数	修车费用(元)	备注

6.2　办公物资管理

企业进行办公物资管理，是为了规范办公物资的购买、领用、维护、保管和报废等环节，提高办公物资的使用效率，有效地节约行政办公费用。对办公物资的管理要做到：货比三家、择优选购、保证供应、节省开支。

6.2.1　办公物品台账

行政管理部是企业办公物品的对口管理部门，负责办公物品的验收、发放、保管，以及对各部门办公物品的使用情况进行监督管理；采购管理部负责办公物品的采购工作；财务部负责办公物品费用的监控；使用部门及个人负责办公物品的日常保养、维护及管理。

企业中常用的办公物品可以分成以下4类。

（1）办公家具类，如各类办公桌、办公椅、电脑桌、会议桌、会议椅、档案柜、沙发、茶几、保险柜及其他办公陈设等。

（2）办公设备类，如计算机、打印机、复印机、空调、电话、传真机、投影仪、（数码）照相机、音响器材等。

（3）日常办公用具类，如胶圈装订打孔机、订书机、计算器、剪刀、签字笔、白板笔、铅笔、电池、笔记本、胶水、单（双）面胶、信封、便笺、涂改液、复写纸、大头针、纸类印刷品等。

（4）其他物品（含低值易耗品），如饮水机、纸杯、面巾纸、卫生清洁用品等。

对于第1类和第2类办公物品，行政管理部应当建立台账，并确定使用责任人，由使用责任人负责这两类办公物品的日常维护和保养工作。当这两类办公物品出现问题时，由使用责任人上报维修。行政管理部应当定期检查各部门对这两类办公物品的使用情况。

办公物品台账如表6-21所示。

表6-21　办公物品台账

序号	办公物品类别	办公物品名称	设备编号	购置时间	所在部门	使用责任人

6.2.2　办公物品采购

办公家具类（第1类）、办公设备类（第2类）等大额、大宗固定资产的购置，需由使用部门填写办公物品购置申请单，如表6-22所示。

表6-22　办公物品购置申请单

使用人		设备名称		
设备型号		申请数量		
现有同类设备数量		预算金额		
申请使用事由				
安装使用技术要求				
随机的辅助设备名称、型号、数量				
计划购进日期		安装使用地点		
部门负责人意见	签字：　　　　　年　月　日			
总经理意见	签字：　　　　　年　月　日			
备注				

经部门负责人和总经理审批后，由行政管理部报采购部，由采购部统一安排购置。对于技术要求比较高的物品，采购部在采购物品时应请有关专业技术

人员参加，货比多家，择优选购。

日常办公用具类（第3类）和其他物品类（第4类）虽然物品单价较低，部门用量较多，但各部门和个人不得擅作主张随意采购，应当遵从企业的申购流程。相关申购流程如下。

（1）需求部门于每月25日之前填写办公物品采购单，由部门负责人审核签字，交行政管理部。行政管理部于每月末根据各部门办公用品的实际配置情况进行审批，对于不合理的申请不予受理。

办公物品采购单如表6-23所示。

表6-23　办公物品采购单

申请部门			填单人		
申请时间			部门负责人签字		
序号	采购物品	需求数量	月消耗量	部门剩余	预估价格
1					
2					
3					

（2）每月底，行政管理部对各部门提交的办公物品采购单进行汇总，形成月度办公物品采购单，报总经理审批。月度办公物品采购单如表6-24所示。

表6-24　月度办公物品采购单

序号	采购物品	需求部门	需求数量	预估价格
1				
2				
3				
总价合计				
行政管理部负责人审批				
总经理审批				

（3）总经理审批通过后，行政管理部将月度办公物品采购单报采购部，由采购部进行询价和采购。

采购人员采购办公物品时须精打细算、严把产品质量关，物品购回登记前必须进行严格的验收，票物相符方能入库。对于重大会议、培训、重要活动所需的办公物品以及采购数量较多、金额较大的物品，由使用部门提交书面申请，经总经理审批后，可以由行政管理部协助采购部共同购置、发放。

6.2.3 办公物品保管

对于经常使用的办公用品及需要为新员工统一配发的办公物品，如A4纸、签字笔、白板笔、铅笔、笔记本等，企业应当留有一定库存，以便需要时可以尽快取用。对于一些公用的办公设施设备，如投影仪、笔记本电脑、相机等，企业也应统一管理。

对办公物品的管理应当设置办公物品管理员（可兼职），管理员负责物品的验收、入库、保管工作，并需要做好办公物品的台账管理。对应的，应当有一个物理空间作为办公物品仓库，由办公物品管理员负责该仓库的日常管理维护工作。办公物品管理员要保证办公物品种类齐全、质优量足、库存合理、保管良好、收发有据。

在办理办公物品入库手续时，办公物品管理员应根据办公物品采购单进行认真核对，仔细检查品名、规格、数量和质量是否符合要求。

办公物品管理员应确保仓库及库存物品的安全完整和整洁，要做到"八防四检"。

所谓八防，指的是防火、防盗、防潮、防霉、防鼠、防尘、防爆、防漏电。

所谓四检，指的是上班时必须检查门锁有无异常，物品有无丢失；下班时检查是否已断电、锁门；随时检查是否存在其他安全隐患；检查易燃、易爆物品是否已单独存储、妥善保管。

办公物品管理员应严格遵守物品保管工作纪律。物品保管工作纪律内容如下。

（1）严禁在仓库（或储藏柜附近）吸烟、动用明火。

（2）严禁无关人员进入仓库，进入时应做好登记工作。

（3）严禁在仓库堆放杂物，无用之物及时妥当处理。

（4）严禁私领、私分办公物品。

办公物品管理员应经常盘点库存物品，做到日清月结。发现浪费、短缺、残损现象时必须查明原因，分清责任，写出书面报告，呈报部门负责人。

6.2.4 办公物品领用

各部门按规定对办公物品进行领用，需要配合行政管理部的核对工作。领用时，由领用人填写办公物品领用登记表，如表6-25所示。

表 6-25 办公物品领用登记表

序号	领用日期	领用物品	领用数量	领用人签字	保管人签字

办公物品管理员要认真核对该登记表，确保信息准确无误后方可办理发放，并登记库存数量。

各部门如果需要使用相机、投影仪、笔记本电脑等公用电子设备，应填写办公物品借用登记表，在部门负责人、行政管理部负责人签字确认后，由办公物品管理员（保管人）发放。设备借用人在拿到相应电子设备后，应当面与办公物品管理员一起检查设备的完好性，确保设备能够正常使用，并应在登记的归还时间内完好无损地归还。办公物品借用登记表如表 6-26 所示。

表 6-26 办公物品借用登记表

借用日期	归还日期	需求设备名称	借用部门	借用人	借用事由	部门负责人签字	行政管理部负责人签字	保管人签字	备注

办公设备返还时，办公物品管理员应再次当面与借用人一起检查设备的完好性，以确保设备能够正常使用。如果借用的办公设备返回时发现明显的人为损坏，办公物品管理员应当与借用人一起找到相关责任人，并对相关责任人进行追责。一般来说，可以要求相关责任人照价赔偿；如果办公物品管理员在设备返还时没有认真检查，造成设备被人为损坏后无法确定责任人的情况，一般应由办公物品管理员照价赔偿。

企业新员工入职时，行政管理部应当主动发放办公物品，办公物品管理员负责为其配齐并发放，以保证新入职员工能够正常工作。办公物品配置清单如表 6-27 所示。

表 6-27　办公物品配置清单（样表）

职位	标配办公物品
管理干部	签字笔 2 支，铅笔、橡皮、胶水、订书机、文件筐、文件夹各 1 个，印发名片 1 盒
普通员工	签字笔 1 支，铅笔、橡皮、胶水、订书机、文件筐、文件夹各 1 个
注：可额外申领工作需要的其他办公物品	

6.2.5　物品使用维护

企业全体员工应本着节能降耗、勤俭节约、务实高效的原则使用办公物品。员工必须爱护公司财产，不得侵占、损坏办公设备。办公物品的使用人应负责做好保管、保养及维护工作。

严禁员工将办公物品挪为私用；严禁用打印机、复印机处理与公司业务无关的私人文件。

调岗和离职人员办公物品的移交工作统一按企业离职物品交接程序办理。若因工作需要，办公设备需转移到企业其他部门的，申请人须填写办公物品内部转移申请单，并注明设备变动原因及意见，由行政管理部审核，报分管领导或总经理审批后执行。

办公物品内部转移申请单如表 6-28 所示。

表 6-28　办公物品内部转移申请单

设备名称		规格型号			
生产厂家		购入时间		数量	
已使用年限		价格（人民币大写）：			
资产编号		设备制造号			
转出部门		转入部门			
变动原因：					
转出部门负责人意见： 　　　　　　　　　　　　签字：　　　　　年　月　日					

续表

转入部门负责人意见：		
	签字：	年　月　日
行政管理部负责人意见：		
	签字：	年　月　日
备注：		

使用周期在一年以上的办公物品为耐用品，领用耐用品时，须持原发放物品以旧换新。使用周期在 3 个月以内或易耗损的办公物品为消耗性办公物品，消耗性办公物品应注意节约和尽可能地循环使用。为节省成本，各部门专用表格需由外部门协助印制的，由各部门自制格式后，交行政管理部统一印制。

企业应提倡双面用纸，注意纸张的再利用。在打印或复印内部的非正式文件材料（如内部通知文件、存档、值班表等）时，办公用纸可以双面使用，企业应加强对文字校对和审核的把关，避免因校对失误造成的纸张浪费。

未完全利用的废弃纸张（不含有企业保密或重要信息）可以装订成册，作为部门内部的便签使用；含有企业保密或重要信息的废纸要粉碎处置；纸张被充分利用后（不含有企业保密或重要信息、不含印章等）送至行政管理部统一回收，可作为废品变卖。

白天工作期间，当办公室光线充足时，尽量使用自然光源；光线不足时，根据实际需要开启电灯。养成随手关灯的习惯，下班后人走灯灭，坚决杜绝长明灯现象。公共区域如走廊、楼梯等，在保证照明的前提下，关闭全部或部分照明设施。夏季气温在 28℃以下时，尽可能地不开空调；若需开空调，应将温度设在 26℃左右，并做到人走空调关。

行政管理部应定期安排专业人员对计算机、电话及电（线）路和其他办公物品进行检测与维修。当各部门的办公物品出现故障需要报修时，须向行政管理部说明其损坏原因，并填写办公物品维修申请单，如表 6-29 所示。

表 6-29　办公物品维修申请单

申请人		办公物品名称		购置日期	
设备编号		型号规格			
单价		数量		维修时间	
请修原因	申请人签字：　　　年　月　日				
请修部门意见	负责人签字：　　　年　月　日				
行政管理部意见	负责人签字：　　　年　月　日				
总经理审批	总经理签字：　　　年　月　日				
注：本表一式两份，申请部门、行政管理部各一份					

行政管理部应根据情况确定维修方案，若系人为蓄意损坏，由责任人承担维修费，并视情节轻重给予相应处罚。

6.2.6　办公物品报废

非消耗性办公物品因超过使用寿命需要报废时，使用部门应提出办公物品报废申请并填写办公物品报废单，如表 6-30 所示。

表 6-30　办公物品报废单

申请部门				申请人	
申请时间		设备名称		购置日期	
设备编号		型号规格			
原始单价		数量		报废残值	
报废原因	申请人签字：　　　年　月　日				
申请部门意见	负责人签字：　　　年　月　日				
行政管理部意见	负责人签字：　　　年　月　日				

续表

总经理审批	总经理签字：　　　　　年 月 日
注：本表一式两份，使用部门、行政管理部各一份	

　　经部门负责人审核签字后，到行政管理部办理报废手续。如果属于重要固定资产，须报总经理审批后方可报废。报废物品由行政管理部统一处置，所得收入应上交财务部。

　　员工使用各类办公物品虽然应当本着节约的原则，但对于超过使用年限的非消耗性办公物品，应当及时报废，以免因小失大，给企业造成不必要的损失。对于办公物品超过正常使用期限后不提出报废申请而给企业造成损失的部门，行政管理部应当追究其责任。

【实战案例】某上市公司驾驶员管理制度

　　为了加强车辆管理，保障公司正常用车，确保行车安全，提高办事效率和车辆的合理利用率，节约经费开支，也为了提高驾驶员的技能和职业道德，某上市公司特制定如下驾驶员管理制度。

　　一、公司所有驾驶员必须遵守国家及地区关于交通安全管理的相关法律法规，安全驾车并应遵守本公司其他相关的规章制度。

　　二、严禁疲劳驾驶和酒后驾车，以确保安全。

　　三、驾驶员必须保证按时出车，不得延误。

　　四、驾驶员应爱惜公司车辆，平时要注意对车辆进行保养，要经常检查车辆的主要机件。每次出车前应对自己所驾驶的车辆进行检查，确保车辆正常行驶。

　　五、驾驶员应每天擦洗自己所驾驶的车辆，保持车辆的清洁（包括车内和车外的清洁）。

　　六、出车前要例行检查车辆的水、电、机油及其他机件性能是否正常，发现不正常时，要立即加补或调整。出车回公司后要检查存油量，发现存油不足时，应及时领用加油卡加油，如遇特殊情况须向车队长汇报，经同意后可凭加油票据实报实销。

七、驾驶员发现所驾驶的车辆有故障时，应立即报告车队长，经车队长同意后到指定车辆维修点进行维修。

八、驾驶员在工作完成后应及时返回公司，所有车辆出车返回后必须统一停放在公司指定位置，驾驶员离开时，要锁好保险锁，防止车辆被盗。

九、驾驶员应对自己所驾驶的车辆的各种证件的有效性经常进行检查，出车时一定要保证证件齐全、有效。

十、驾驶员对乘车人要热情、礼貌，使用文明用语。车内客人谈话时，除非客人主动搭话，否则不得随意打断客人谈话。

十一、上班时间内驾驶员未被安排出车的，应随时在驾驶员室等候出车，不能随便到其他部门逗留，不得与其他部门同事闲谈，不得影响公司其他部门正常办公。有要事确需离开驾驶员室时，要告知车队长去向和所需时间，经批准后方可离开；出车回来应立即到车队长处报到。

十二、驾驶员对车队长的用车工作安排应无条件服从，不得借故拖延或拒不出车。

十三、驾驶员出车执行任务不得随意更改路线，如遇特殊情况不能按时返回的，应及时通知车队长并说明原因。公司车辆因公需在外过夜的，车辆使用者应保证车辆安全并妥善保管好车内财物，若因个人原因导致车辆或车内财物被盗，由车辆使用者承担赔偿责任。

十四、无论何时，驾驶员必须保持手机畅通，应随时接受工作安排，不得无故拖延。

十五、驾驶员未经领导批准，不得将自己负责的车辆随便交给他人驾驶或练习驾驶；严禁将车辆交给无证人员驾驶；任何人不得公车私用。

十六、驾驶员因故意违章或证件不全被罚款的，费用不予报销。交通违章造成的后果由当事人负全责。

十七、驾驶员必须每日书写工作日志，将当日工作情况、出车情况、车辆状况、发现的问题等进行详细记录，不得虚报、漏报、瞒报，日志应交至车队长处备查。

十八、驾驶员有保密责任，应对各级领导在车内的谈话保密；驾驶员对公司及客户的相关信息负有保密义务。

十九、驾驶员不遵守公司规章制度而造成公司财产损失的，由驾驶员承担一切责任。

第 7 章

行政人事管理

在行政部门和人事部门没有分开的企业中，行政管理人员负担着部分人事工作。人事工作的运行质量关系着企业在用人方面的成本和风险。企业中常见的人事工作包括入职管理、在职管理和离职管理。

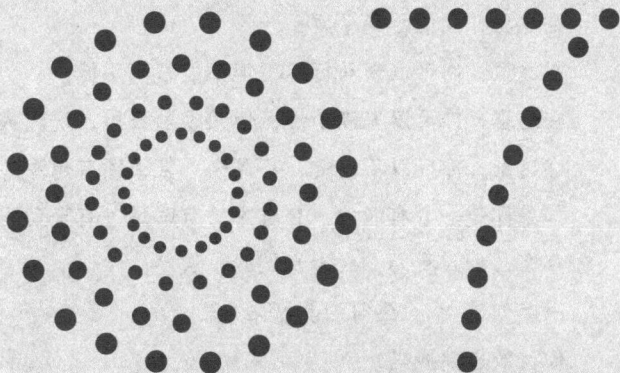

7.1 员工入职管理

企业做好员工入职管理，不仅能保证员工入职阶段基本的手续办理、合同签订、试用转正等流程的标准化、规范化，降低企业的风险，更能让新员工感受到企业的办事效率，并快速融入企业文化、进入工作角色。

7.1.1 岗位描述写法

企业在编写岗位描述时，要注意调整文字风格，不同的岗位应有不同的描述。如果企业要招聘一线产业工人，那么其岗位描述的文字风格就和招聘设计师岗位时的文字风格完全不一样；如果企业要招聘文案美编，那么其岗位描述的文字风格就和招聘销售经理岗位的文字风格不一样。

文字风格可以根据招聘岗位受众的不同进行调整。文字风格主要是根据需求岗位人群的文字偏好来选择的，例如可以选用如下风格。

1. 清新文艺风格

对一些与设计、艺术、创意等创造性的脑力劳动相关的岗位，企业在编写岗位描述时可以采用清新文艺的语言风格。

举例

亲爱的，茫茫人海，蓦然回首，你在哪里？

高大上的办公环境，同行业内有竞争力的工资；

五险一金，员工生日会，佳节福利，各类津贴……一个都不能少！

在这里，我们拒绝平庸；

在这里，你可以天马行空，但不能眼高手低；

在这里，你可以充满个性，但必须爱公司、爱团队、爱小伙伴；

在这里，你可以不完美、不周全，但必须有想法、有激情……

如果你是一个有能力、有思想、有理想、有干劲的"四有"好青年；

那么，加入我们，成为我们的小伙伴；

一起创造××公司的美好未来！

你，敢来挑战吗？

2. 诙谐幽默风格

为了吸引眼球，企业可以使用一些网络流行词，以诙谐幽默的方式编写岗位描述，展现公司的优势。

举例

想工作，来这里！

一个年轻有活力的销售团队，一份高额的收入。

高收入 + 低风险 + 短平快 = 理想工作。

这里有高薪的工作岗位，这里有年轻活力的团队。

这里有你想要的一切！只要敢想，没有什么做不了！

无限的发展空间，我们的成长邀请你一同参与！

3. 激情澎湃风格

对一些招聘年轻人的岗位，企业在编写岗位描述时可以激情澎湃一点，以点燃年轻人心中的火焰。

举例 1

迈出你的第 1 步！

不惧困难，不怕拒绝！

去相信，去证明，梦想一触即发！

高薪不是幻影，只要你愿意！

你还在等什么？

举例 2

快节奏的生活，需要你加快步伐，想要在最短的时间内获得较高的收入吗？

加入我们吧——××公司，一个为你搭建平台、助你成功的企业！

在这里找到属于你自己的舞台。

举例 3

不要被生活所捆绑，勇于迈出你的第 1 步！敢于挑战！敢于奋斗！

只要你想要，没有什么做不到！

即刻起，点燃你的生活，从这一份工作开始！

4. 文学创意风格

对一些文学素养或知识水平要求较高的岗位，企业可以用偏文学或创意的风格来编写岗位描述。

举例1

薪——收获高薪，只要你愿意。

满——满载的不仅是你的钱包，还有你的理想。

益——收获金钱、学识和技能。

足——足够的发展空间。

举例2

青春是流水，转眼就消失在指尖。不要用力地浪费，再用力地后悔；不要沉溺于过去，接受新的生活、新的自己、新的团队！

在这里，你能收获的不仅仅是高薪，还有技能、知识和家人！

收拾行李，寻找新的自己，加入我们吧！

5. 平实诚恳风格

如果企业是比较务实的风格，也希望吸引一些比较务实的候选人，那么在编写岗位描述的时候，考虑吸引力的同时也可以更偏向于采用平实诚恳的风格。

举例

我们要找：掌握大局的策划总监，负责团队建设，负责文案、策略和创意的把控，负责跟进客户提案和项目执行。

我们要找：雷厉风行的广告业务副总，负责建立和培训业务团队，负责业务拓展和维护，完成项目任务。

我们要找：客户经理，协调前期公司的策略创意与客户的要求，做好提案的沟通和客户服务，跟进反馈项目信息。

我们要找：走心的文案策划，具备营销、品牌和广告的相关知识，能够完成文案、策略和创意工作，具备提案能力。

我们要找：有创造力的设计师，基本的软件要会一些，有审美，商业创意能力强。

根据具体招聘岗位的不同，企业可以灵活选择文字风格。但需要注意，在吸引候选人注意力的方面，企业优势部分的文字风格可以灵活多变，但是职位具体说明的格式最好要正式一些，确保条理清晰、容易阅读。在岗位描述中，要使要点清晰，在关键位置可以使用加粗的文字来引起候选人的注意。

7.1.2 电话面试话术

电话面试是企业与候选人的第1次面试交流。电话面试的质量不仅影响着企业对候选人各方面信息考察的完整性，还影响着候选人和企业之间进一步交流沟通的可能性，以及候选人最终入职的可能性。

电话面试可以包括如下内容。

（1）首先可以请候选人简单介绍个人情况。以自我介绍开场，这是双方相互熟悉的过程。企业可以借此判断候选人简历信息和个人描述是否一致，可以大体了解候选人的基本情况。

（2）询问和确认候选人各阶段的工作经历、工作职务及工作职责，可以针对候选人简历上写的学习背景和工作内容来询问对方的情况。这里要有工作时间长短和专业深度的匹配。例如，有可能企业发现候选人工作时间其实很短，但是他表现出来的专业深度却很深，在电话面试的时候就可以确认一下其中的原因。

（3）询问候选人目前或上一份工作的主要内容、绩效以及候选人具备的主要技能。这里要注意，应当尽量让候选人提供能体现其曾经的业绩或工作复杂程度的确切数字。例如，管理了多少人、管理了多少预算、达成的销售目标等。

（4）询问候选人每个阶段离职的具体原因。判断候选人离职是因为没有确定自己的职业发展方向，还是因为对现在的薪酬不满，或是因为工作得不开心，又或是因为其他一些客观因素。

（5）询问求职的动机，询问候选人目前的薪酬情况以及他能够接受的最低薪酬。如果候选人能接受的最低限度和岗位能够提供的最高限度差别比较大的话，那么企业可以考虑不接收这个候选人。

（6）询问在简历筛选的过程中发现的候选人简历中的各项疑问点。简历筛选过程中发现的所有疑问点都可以在电话面试的时候先行确认，以免进一步面试的时候浪费双方的时间。

7.1.3　面试提问技巧

面试除了简单地让候选人做自我介绍，询问候选人的工作经历、家庭状况、离职原因、兴趣爱好等传统问题外，在面试交流过程中还应遵循如下基本原则。

1. 多听少说的原则

面试的过程是候选人表达和展示自我的过程，面试官应该想办法让候选人在问题下尽情地发挥，而不是让候选人听自己滔滔不绝。一般来说，一场面试结束，候选人的表达时间应占全部时间的 80% 以上，面试官的表达时间应控制在 20% 以内。

2. 开放式问题的原则

面试官应该多问开放式的问题，少问封闭式的问题。

什么是开放式的问题？就是为什么、是什么的问题。

举例

您为什么应聘这个岗位？

您的优点是什么？缺点是什么？您最成功的事是什么？最失败的事是什么？

您为什么会离职？

您目前的家人、亲属状况如何？

什么是封闭式的问题？就是对不对、好不好、行不行之类的提供两项选择或多项选择的问题。

举例

您觉得自己跟这个岗位符合吗？

您觉得自己沟通能力好吗？

您具备一定的写作能力吗？

3. STAR 原则

STAR 原则类似一个面试问题生成器，面试官可以用这个逻辑来不断生成问题，同时可以更加准确地考察候选人完成任务的能力。这个逻辑是：之前什么时候？在什么背景下？（情景）要完成什么任务，达到什么目标？（任务 / 目标）在这一过程中，候选人是担任什么角色的？做了什么？（行动）取得了什么结果？（结果）如图 7-1 所示。

图 7-1 STAR 图形演示

举例

    某候选人来应聘技术人员，简历上写着参与过很多技术开发项目。面试官可以选择其中的一个项目，问他：请问您当初在公司为什么要做这个项目？当初有什么样的背景？这个项目的目标是什么？您在项目中是负责哪一块？您的任务目标是什么？为了达到您个人的任务目标和项目目标，您都做了些什么？这个项目最终取得了什么结果？您的任务目标取得了什么结果？

7.1.4　录用通知模板

    如果候选人被企业录用，企业应向候选人发放录用通知书。录用通知书是企业录用候选人时向其发出的正式文书，格式模板如下。

尊敬的_____先生 / 女士：

    感谢您对_____公司的信任和肯定，感谢您耐心、热心并满怀诚意地参与公司的面试。经过沟通，您的职业素质、专业能力和工作经验赢得面试官的一致肯定，我们热诚地邀请并欢迎您加入_____公司！

    请您仔细阅读以下内容，按要求备齐相关资料，在指定时间内到我公司行政管理部办理入职手续。

    1. 任职岗位

    拟聘任您担任公司_____岗位，所属部门为_____，汇报对象为_____，下属人数为_____人。

    2. 报到情况

    入职时间：20___年__月__日

报到地点：

联系部门：行政管理部

联系人：

联系电话：

3. 入职需准备和携带的材料

身份证、学历证、学位证、资质证书、职称证书的原件及复印件

1寸照片＿＿张

近期体检报告一份

最后任职公司的离职证明

其他资料：＿＿＿＿＿＿＿＿＿＿＿＿＿＿＿＿

4. 薪资待遇

基本薪酬：＿＿＿＿＿＿＿＿＿＿＿元人民币／月

绩效薪酬：＿＿＿＿＿＿＿＿＿＿＿元人民币／月

各类补助：＿＿＿＿＿＿＿＿＿＿＿元人民币／月

其中，基本薪酬为代缴个税及五险一金个人部分前的应发工资，试用期薪酬为基本薪酬的＿＿％；绩效薪酬和各类补助为税前额。

5. 福利待遇

公司的福利为＿＿＿＿。

6. 合同期限：＿＿＿＿年，其中试用期为＿＿＿个月。

期待您给我们的团队带来新的活力，希望您工作愉快，事业有成！

××公司

行政管理部

20××年××月××日

需要注意的是，盖公章的录用通知书具备一定的法律效力，企业应谨慎开具。此模板仅供参考，建议企业在使用前自行修改，并交由法务专业人士审核。

7.1.5 未录用通知书

很多企业在候选人面试没有通过后，就不再与候选人联系，默认候选人没有通过面试。这种做法实际上非常不专业，可能会引起候选人对企业的反感。

候选人在面试结束后，在等待面试结果的过程中会有很多的想象。

早一点告诉候选人面试结果，能打破候选人不切实际的想象，让候选人可以进行其他安排。如果候选人面试后未被企业录用，企业应向候选人发放未录用通知书，格式模板如下。

尊敬的_____先生 / 女士：

感谢您满怀诚意地参与我公司的面试。非常遗憾地通知您，您此次的面试情况与岗位要求存在差异。经公司慎重考虑，决定您的面试结果为：未通过。您的简历将被纳入公司的人才库，当有适合您的岗位时，我们可能会再次与您联系。

非常感谢您对我公司的信任，祝您早日找到理想的工作。

××公司

行政管理部

20××年××月××日

7.1.6 入职登记表单

新员工入职时，企业首先要采集员工的信息，让员工填写入职登记表，如表 7-1 所示。

表 7-1 入职登记表（样表）

一、应聘情况

应聘职位_____ 可到职日期_____ 要求薪酬_____ 招聘信息来源_____ 是否可以外派工作　□是　　□否

二、个人情况

姓名：____ 曾用名：____ 性别：____ 籍贯：____ 民族：___ 血型：____ 婚姻状况：□未婚□已婚□离异□其他　出生日期：___年__月__日 □阴历 □阳历 身份证号码：_____ 政治面貌：____ 户口所在地：_____ 家庭住址：_____ 现住址：_____ □父母房　□自有房　□亲戚房　□租房　□其他 档案所在单位：_____ 与原单位关系：□停薪留职□辞职□开除公职□下岗 是否持有再就业优惠证？□是□否　原单位已缴纳养老保险金？□是□否 已缴医疗保险？□是□否 联系电话：（手机）_____（住宅）_____ E-mail：_____ 是否需要公司安排住宿？　□是　□否

三、接受教育情况（从高到低依次填写）

学历	学校	专业	起始时间	终止时间	备注

四、工作情况

原工作单位（全称）	职位	月工资	起始时间	终止时间	离职原因	公司电话	直接主管	人力资源负责人

本人同意做背景调查　　　　　　　　　　　　签字：

五、接受社会正规培训情况/所获证书（按时间先后顺序）

培训主题/证书名称	培训地点/证书获取地	起始时间/获取时间	终止时间/有效期限	备注

六、家庭主要成员

姓名	年龄	与本人关系	所在单位	联系电话

七、个人特长与技能

个人特长		计算机操作水平		懂何种外语及熟练程度	

八、介绍人情况/在本公司工作亲友

姓名	与本人关系	所在部门	在职职位	备注

九、声明

除了较轻微交通违例之外，是否曾被拘控或受任何执法部门扣押？　　□是　□否
若有，请详述之＿＿＿＿＿＿＿＿＿＿＿＿＿＿＿＿＿＿＿＿＿＿＿＿＿
过去是否曾被任何机构解雇？　　　　　　　　　　　　　　　　□是　□否
若有，请详述之＿＿＿＿＿＿＿＿＿＿＿＿＿＿＿＿＿＿＿＿＿＿＿＿＿
本人现声明上述资料完全真实，并未蓄意隐瞒任何事实。本人同意如发现填报的资料有虚假事实，公司有权随时终止与本人的雇佣合约或劳动关系，并不做任何补偿。本人同时授意容许对上述资料进行查证并愿意接受必须的身体检查。
申请人签字：＿＿＿＿＿＿＿＿＿＿＿　日期：＿＿年＿＿月＿＿日

面试情况表（此内容由公司有关部门填写）
人事部门初试意见：　　　　□推荐　　　　□可以保留　　　　□不予考虑
评语：_____
简历：A □　　　B □　　　C □　　　（A. 良好　B. 一般　C. 较差） 面试人：_____ 日期：____
分管领导意见 / 部门复试意见：□推荐　　　　□储备　　　　□不予录用
评语：_____ 面试人：_____ 日期：____
录用情况（由行政管理部签署）： 录用部门：_____ 录用岗位：_____ 试用期：____个月 试用期薪酬：_____ 职务级别：_____ 报到日期：_____ 行政管理部：_____ 日期：_____

　　入职登记表不仅起着收集员工信息的作用，而且具备一定的法律效力，如果员工在入职时提供虚假信息取得某岗位，当企业发现后，入职登记表可以作为企业方与员工解除劳动关系的有利证据。

　　为确保员工入职登记表填写得准确无误，企业要对员工入职材料和信息的真实性进行仔细核查，需重点关注的信息包括员工的教育背景、工作经历、家庭状况、紧急联系人及通信地址、健康状况等。企业务必要新员工在入职登记表最后的声明中亲笔签字。

　　对于有疑问的信息，企业要进行必要的背景调查，要确认员工的上一个单位已开具双方已经解除劳动关系且并不存在任何劳动纠纷的证明；对于特殊或敏感岗位，要提前通过电话、邮件、传真等方式审查候选人是否还处在竞业限制期。

　　企业需要妥善保管好员工的入职登记表，并整理好员工信息，最好将员工信息通过内网系统或 Excel 表统一管理，便于快速查找和分析。同时要注意对员工信息进行保护，更不得主动泄露员工信息。

7.1.7　员工入职流程

　　员工面试合格，企业对其发放录用通知书后，员工一旦接受并确认，下一步将是办理入职手续。员工入职的基本流程及关键控制点如下。

1. 入职前的准备

在新员工报到前，企业需要做好充分的准备工作，主要包括以下内容。

（1）确定好新员工的入职时间，提前做好入职手续办理的各项准备工作。

（2）虽然录用通知书中已包含入职需要携带的相关资料信息，为防止新员工入职时遗漏，企业最好提前打电话提醒。

（3）若需要新员工做入职体检，需要安排好体检相关事宜。

（4）协同相关部门，为新员工安排好工位，并提前准备好相关的办公物品、工作服、工作牌、餐卡及入职需要的各类资料和表单等。

（5）提前与用人部门对接，通知用人部门领导提前为新员工准备好帮带老师或入职对接人。

2. 办理入职手续

办理入职手续的过程就是收集资料、核对信息、整理归档的过程，主要包括以下内容。

（1）收取面试时使用的入职登记表。

（2）收取新员工的相关资料。

（3）核对入职登记表上的相关信息与入职后个人准备的信息是否一致。

（4）与新员工签订劳动合同。

（5）告知新员工入职培训的时间和地点。

3. 入职培训

入职前的培训，也就是新员工培训，需要着重讲解企业各类规章制度、员工手册，一定要有培训前的签到和培训后的考试。培训结束后，应让所有新员工对学习内容签字确认。

企业可以组织新员工参观企业或相关的岗位。参观前，需要与各部门做好沟通，以免影响各部门正常工作。参观过程中需要专业细心地讲解，耐心全面地解答新员工的问题。

4. 用人部门接待

用人部门在新员工入职过程中的作用比行政管理部更重要，它直接影响着新员工的感受，决定了新员工未来是否愿意留在企业、是否能够融入企业并长期稳定工作。用人部门在新员工入职中的工作主要包括以下内容。

（1）部门安排帮带老师或专人负责引导新员工并为其进行相应的人员介绍。

（2）对新员工做本部门规章制度和岗位职责要求的必要介绍。

（3）在部门例会上向同事介绍新员工。

7.1.8 签订劳动合同

劳动合同能够确定企业和员工之间的劳动关系，但不代表不签劳动合同，企业和员工之间就不存在劳动关系。

确认劳动关系，看的不是企业和员工之间是否已签订劳动合同，而是看有没有用工事实。有了事实，即使不签订劳动合同，企业和员工之间依然存在劳动关系。也就是说，实际上企业自实际用工之日起，就已经和员工建立了劳动关系。

有的企业为了不给员工缴纳五险一金，故意不和员工签订劳动合同。这其实是一种很愚蠢的行为。根据《中华人民共和国劳动合同法》（自 2013 年 7 月 1 日起施行）的规定，如果企业超过一个月而不满一年未和员工签订书面劳动合同的，应当承担向员工按月支付两倍工资的赔偿责任。而且如果企业不和员工签订劳动合同，企业就没有权利追究员工可能产生的违约行为。

企业给员工缴纳五险一金的义务和签不签订劳动合同没关系，这是一个"必选项"。如果员工因为工作原因受伤，也就是发生工伤，企业不仅要承担自己应该承担的责任，而且原本社会保障部门可以分担的责任，企业也要承担。如果被劳动监察部门发现，还会被罚款。

劳动合同中应包括以下 9 项内容。

（1）企业的名称、地址和法定代表人或主要负责人信息。

（2）员工的姓名、住址和居民身份证号码或其他有效身份证件号码。

（3）劳动合同期限。

（4）工作内容和工作地点。

（5）工作时间和休息休假时间。

（6）劳动报酬。

（7）社会保险。

（8）劳动保护、劳动条件和职业危害防护。

（9）法律法规规定应当纳入劳动合同的其他事项。

劳动合同除上述规定的必备条款外，企业与员工还可以约定试用期、培训、保守秘密、补充保险和福利待遇等其他事项。

每个地区的人力资源和社会保障部门一般都会有劳动合同的标准版本，企业可以直接采用当地人社部门的标准版本，签订劳动合同的时候，注意把关键项目填写完整。

劳动合同的期限分为固定期限、无固定期限和以完成一定的工作为期限。当企业和员工连续订立两次固定期限的劳动合同之后，员工同意续订劳动合同的，除员工提出订立固定期限的劳动合同外，应当订立无固定期限劳动合同。员工在同一企业连续工作满 10 年以上，双方同意续订劳动合同的，如果员工提出订立无固定期限的劳动合同，应当订立无固定期限的劳动合同。

7.1.9　入职风险防控

行政管理部在办理新员工入职手续时，需要特别注意以下事项。

1. 入职前的准备环节

规范、明确、合理、经得起推敲的人才录用条件和合法、合规、有效的规章制度对企业的用工意义重大，是企业规避用工风险、防止用工欺诈的有效手段。其中，录用条件包括岗位职责条件、身体健康条件、兼职条件、档案存放情况、社会保险缴纳条件、绩效考核条件等。

规章制度要合法有效，不能与法律冲突。规章制度通过的程序也要合法合规，需要经过职工代表大会同意，并在人社部门备案。规章制度通过后，要通过企业网站、邮件、公示栏等方式向员工公示和告知。

企业可以在劳动合同或劳动合同的附件中明确说明企业的规章制度属于劳动合同条款，员工入职前必须参与学习、培训、考试并签字确认。为方便员工快速学习了解所有的规章制度，比较好的方式是制作并发放员工手册。

2. 岗位职责明确环节

新员工入职前，企业需要对用人岗位的岗位职责有清晰明确的认识，一是为了评估该岗位究竟需要招聘何种类型的人才；二是为新进人才入职后能够快速理解岗位工作内容、快速进入工作状态提供保障；三是为了能够有效评估新员工上岗后工作职责的履行情况。

明确岗位职责需要罗列出各岗位所有的基础性工作活动，分析涉及的相关工作任务，并据此明确列举出必须执行的任务以及每项任务背后的目的和需要达成的目标，从而根据任务和目标的要求，明确列出该岗位要求具备的各项能力。

3. 入职前的体检环节

入职前的体检是确认候选人身体健康状况的依据，行政管理部应注意核查，有效甄别出个别员工体检作假的情况。同时注意不要有健康歧视，要根据劳动者的健康状况合理分配岗位。

7.2　员工在职管理

员工入职之后，企业应做好新员工的培训、人事档案接收保管等工作；员工试用期结束后，要做好员工的转正管理；当员工需要开具各类证明材料时，可以参照模板帮助员工办理；在员工在职期间要做好员工的维稳工作，做好劳动争议防控，防止发生劳动争议。

7.2.1 新员工培训

行政管理部统一组织的集中培训的操作流程如图 7-2 所示。

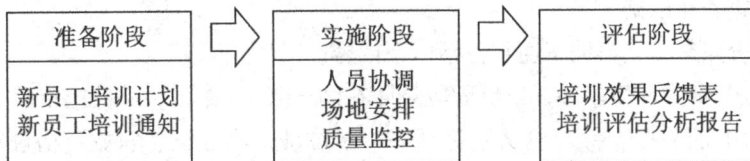

图 7-2　行政管理部统一组织的集中培训的操作流程

1. 准备阶段

在培训开始之前，行政管理部应根据新入职员工的数量等具体情况确定培训时间，拟订培训的具体方案，形成新员工入职培训计划报送本部门领导审批，确认后再报送其他相关部门领导确认。待其他相关部门确认无异议并给出反馈后，再发送正式的新员工培训通知。通知发送后，行政管理部要做好培训讲师的沟通，场地、设备等培训资源的准备工作。

2. 实施阶段

在培训实施的过程中，行政管理部要和相关部门协调，做好培训全过程的组织管理工作，包括人员的协调组织、场地的安排布置、培训讲师的沟通安排、课程的调整及进度推进、培训质量的监控保证等工作，保证培训能够按照预期的计划顺利运行。

3. 评估阶段

行政管理部应在每期培训结束当日对新员工进行培训的反馈调查，填写新员工入职培训效果反馈调查表，并汇总分析新员工反馈的意见，总结出对培训课程、培训讲师、授课方式、授课时间等的改进参考意见。一般在新员工培训结束后的一周内，要提交该期培训的总结分析报告，报相关领导审阅。

需要注意的是，除非是一些企业做不了的特殊项目，否则新员工培训的讲师一般不宜使用外部讲师。因为外部讲师不在公司内部工作，很难真正了解企业核心的文化和倡导的理念，很难把企业精神的精髓传递给新员工。

给新员工培训的讲师应该尽量在公司内部寻找，一般可以找优秀的部门领导或有较丰富的工作经验、品行兼优、具备正能量的骨干员工。规模不大的公司，建议让公司的创始人或最高领导参与讲解企业文化或企业的发展历程。

7.2.2 人事档案接收

人事档案管理是人事工作中基础而重要的部分，也是企业档案管理工作的重要组成部分。人事档案是员工在工作中形成的有关个人经历、业务水平、工作表现及工作变动等情况的材料，是人事管理的重要依据，也是反映个人成长情况的凭证和依据。

一份完整的人事档案通常包括以下内容。

（1）身份证复印件，正反面应复印在同一张 A4 纸上，原件应审验。

（2）证书复印件，包括职称证书、学位证、毕业证、职业资格证等，原件应审验。

（3）管理及技术岗位的员工，应有其原工作单位出具的解除或终止劳动关系的证明。

（4）近期免冠 1 寸彩照两张。

（5）入职登记表（包括附带的个人简历）。

（6）聘用岗位有要求的，应有岗位要求规定的县区级以上的医院体验的报告。

（7）法规规定的特殊岗位，应有职业资格或从业资格证书复印件（原件应审验）。

（8）劳动合同正本一份。

（9）保密或竞业禁止协议正本。

企业接受员工的人事档案时，需要走档案接受流程，由相关部门领导和行政管理部审批后方可接受员工档案。人力资源确认档案转出的依据为人事档案调入审批表，格式模板如表 7-2 所示。

表 7-2　人事档案调入审批表

填表日期：　　　年　　　月　　　日

姓名		部门			身份证号	
入职时间			转正时间		参加工作时间	
原始学历	___年__月于_____学校毕业　学历___					
籍贯						
户口所在地					户口性质	
档案所在地						
家庭住址				邮编		手机号码

续表

社保情况	险种	缴纳情况	缴费情况		
	社会保险	□无□有	在_____公司已交至____年__月		
	住房公积金	□无□有	在_____公司已交至____年__月		
直属领导		签字：　　　　　年　月　日			
分管副总		签字：　　　　　年　月　日			
总经理		签字：　　　　　年　月　日			
办理情况	□已有档案的，请提供企业职工流动联系表及个人档案 □没有档案的，请提供就业失业登记证及1寸照片两张 □其他情况，请咨询行政管理部后办理 本人已知悉需提供的材料，本人自愿承担因未能及时提交材料造成的损失 　　　　　　　　签名：　　　　　年　月　日				

7.2.3　员工试用管理

　　试用期是劳动法律法规中的标准概念。试用期是一种适应期，指的是企业确定录用候选人，候选人上岗以后，一段企业和候选人之间相互了解、双向选择的缓冲期。在此期间，如果候选人的工作能力达到要求了，就转为正式员工；如果候选人的工作能力没有达到要求，用人单位可以和候选人解约，并且不需要支付经济补偿。

　　需要注意的是，企业和候选人解约并不支付经济补偿的前提是企业具备能够证明候选人不符合岗位录用条件的证明；如果候选人在试用期间觉得自己不适合该岗位，只需要提前3天提出，双方就可以解除劳动关系。

　　《中华人民共和国劳动合同法》（自2013年7月1日起施行）中的相关规定如下。

　　第十九条　劳动合同期限三个月以上不满一年的，试用期不得超过一个月；劳动合同期限一年以上不满三年的，试用期不得超过二个月；三年以上固定期限和无固定期限的劳动合同，试用期不得超过六个月。

同一用人单位与同一劳动者只能约定一次试用期。

以完成一定工作任务为期限的劳动合同或者劳动合同期限不满三个月的，不得约定试用期。

试用期包含在劳动合同期限内。劳动合同仅约定试用期的，试用期不成立，该期限为劳动合同期限。

第二十条　劳动者在试用期的工资不得低于本单位相同岗位最低档工资或者劳动合同约定工资的百分之八十，并不得低于用人单位所在地的最低工资标准。

关于员工试用期工资的规定中有个关键词是"不得低于"。"不得低于"不是应该这样做或必须这样做。试用期的工资可以是转正后工资的90%，也可以和转正后一样，只是不能少于转正后工资的80%。

除了试用期之外，有的企业和员工约定了学徒期。学徒期是新招用员工熟悉业务、提高技能的过程。学徒期的时间可以比试用期的时间更长。但学徒期不是劳动法律法规的概念，不能和试用期混为一谈，更不能把试用期的规定用在学徒期上。例如，有的企业规定学徒期的时间是一年，学徒期的工资是岗位正式工资的80%，这样的规定就是违法违规的。

为了方便员工总结和提高能力，新员工在试用期间需要定时提交总结报告，一般为1周或1月提交一次，格式模板如表7-3所示。

表7-3　员工试用期总结报告

姓名		部门	
岗位		入职日期	
工作总结			
帮带老师评价			
部门负责人评价			
行政管理部评价			

7.2.4　员工转正管理

员工在试用到转正期间，行政管理部不能对其"放任不管"，需要做及时的摸底和跟进，具体工作如下。

1. 面谈

一般企业在员工入职的一周之内、一个月之内和转正之前需要做3轮面谈，每轮面谈的对象分别是员工本人、员工的帮带老师和周围的同事等。面谈的内容主要是员工对工作氛围和工作内容的感受、员工是否得到了来自部门内部应有的关心和帮助、员工的帮带老师或同事对该员工的评价、员工遇到的问题及需要的帮助等。

2. 反馈

行政管理部应根据员工试用期间的3轮面谈情况，提炼出有建设性的、有价值的、有意义的信息反馈给新员工的直属上级或部门负责人。如果发现新员工的直属上级或部门负责人没有很好地帮助新员工融入，行政管理部需要及时指出，了解实际情况并及时修正，根据情况给出指导和建议。

3. 总结

针对新员工在试用期间遇到的不同问题，根据新员工和部门之间的面谈结果，行政管理部要总结招聘、面试、入职、试用过程中存在的问题，例如人才的招聘标准是否有问题、面试的方法和判断是否有问题、入职培训是否全面、入职和试用期间的管理是否能更优化等。

试用期满后，新员工可以按照企业的转正流程提交转正申请。员工转正申请表的格式模板如表7-4所示。

表7-4　员工转正申请表

编号：		日期：			
申请人		所属部门		岗位名称	
入职时间		试用期间缺勤天数			
试用部门					
试用期间自我评价					
帮带老师意见	□同意转正　　　□延期转正（建议延期至） □转岗（建议岗位）　□终止试用，辞退 签字：				
部门负责人意见	□同意转正　　　□延期转正（建议延期至） □转岗（建议岗位）　□终止试用，辞退 签字：				

续表

行政管理部意见	□同意转正　　　　□延期转正（建议延期至） □转岗（建议岗位）　□终止试用，辞退 签字：
总经理意见	□同意转正　　　　□延期转正（建议延期至） □转岗（建议岗位）　□终止试用，辞退 签字：

　　员工提交转正申请后，在正式转正之前，行政管理部需要对员工进行评估。对员工的工作进行评估不仅是为了使单个员工转正，也是企业优化人事管理的重要工作。员工转正前的评估可以根据必要性，设置4个维度的评估：知识层面的评估、能力层面的评估、行为和态度层面的评估以及绩效层面的评估。

　　知识层面的评估是评估新员工对该岗位应知应会相关知识的掌握程度。测评的方式可以是笔试或口试。需要注意的是，进行知识层面的评估需要提前准备试题和标准答案，问题需要和新员工的工作具有较强的相关性。

　　能力层面的评估是评估新员工是否已经掌握了岗位必备的各项基本能力。测评的方式可以有实测操作模拟、工作成果评估、专家意见评价、直属上级评价、团队成员评议、关联方打分等。

　　行为和态度层面的评估是评估新员工日常工作过程中的行为和态度是否符合企业的要求和期望，是否存在消极怠工、违规操作等不好的态度和行为。测评的方式可以是民主评议或直属上级打分。

　　绩效层面的评估是评估新员工的工作成果是否达到了岗位的基本要求。测评的方式是岗位绩效评价。需要注意的是，由于新员工入职的时间较短，对新员工的要求不应过于严苛，一般是达到该岗位绩效的最低要求即可。

7.2.5　在职证明模板

　　当员工参加各类职业资格考试时，可能需要企业开具在职证明。在开具在职证明前，企业要问清楚员工的具体用途。为了降低相关风险，在职证明只需要包含员工的基本信息、入职时间和所在岗位情况，不需包含其他额外信息。在职证明的格式模板如下。

在职证明

　　兹证明____，性别____，身份证号码_____，于__年_月_日起在我公司工作，现任职岗位为_____部门___岗位___职务。

　　特此证明。

　　　　　　　　　　　　　　　　　　　　　____年____月____日

　　　　　　　　　　　公司名称：（公章）

　　　　　　　　　　　公司地址：

　　　　　　　　　　　公司电话：

7.2.6　收入证明模板

　　当员工需要办理签证、信用卡或银行贷款时，需要企业协助开具收入证明。开具收入证明的目的是证明员工的经济收入，它具备一定的法律效力，所以企业在开具之前要特别注意，不能为了帮员工的忙而开具虚假的收入证明。

　　收入证明的重点信息是员工在企业的收入状况，一般包括月收入和年收入两部分。收入证明的格式模板如下。

收入证明

　　兹证明_____，性别____，身份证号码_____，系我公司正式工作人员，现从事岗位/职务为_____。月收入为___元人民币（每月扣除社保、公积金个人部分的税后收入，已包含所有的固定工资、津贴、福利和奖金），年收入约为_____元人民币（即月收入加年终奖的税后收入，因年终奖根据公司业绩和个人绩效水平不同，每年会有所浮动，本数据采用的是去年的年终奖，所以为约数，仅供参考）。

　　特此证明。

　　备注：本证明仅用于证明我公司员工的工作及在我公司的工资收入，不作为我公司对该员工任何形式的担保文件。

　　　　　　　　　　　　　　　　　　　　　____年____月____日

　　　　　　　　　　　公司名称：（公章）

　　　　　　　　　　　公司地址：

　　　　　　　　　　　公司电话：

7.2.7 员工投诉处理

对于一般的企业，行政管理部是投诉的处理方，相关工作人员要本着负责任的态度来应对员工投诉。行政管理部在受理员工投诉时，需要做好如下工作。

（1）建立恰当的投诉沟通渠道，并提前对全体员工公布。如果没有正规的渠道，想要投诉的员工可能会选择比较极端的手段，容易给企业造成不良的影响。

企业处理员工投诉的部门，就好像购物商场中设置的"客服中心"，医院里设置的"医患行政管理部"，要方便想投诉的员工快速找到。可以参考的员工投诉方式包括专线电话、电子邮件、内容系统等，具体的投诉渠道应当以方便员工为原则。

（2）最好把员工投诉可以拨打的热线电话固定下来，而且要把固定电话与手机绑定，保证员工打电话时有人能在第一时间接待员工。有条件的企业要保证投诉电话24小时都有人接听。

处理员工投诉的人员虽然不一定需要全职，但最好相对固定，且最好具备如下特质。

- 本身比较稳定，对企业具有一定的忠诚度。
- 在企业工作5年以上，对企业的文化、政策、内部关系比较了解。
- 具有一定的社会阅历，家庭完整和睦，年龄最好在40岁以上。
- 具有一定亲和力，有处理员工投诉的基本能力。

（3）接到投诉后，要第一时间明确告知投诉者反馈的时间，尤其是当收到匿名投诉的群发邮件时，或者是看到论坛中公示的投诉帖子时，要第一时间让对方知道相关部门已经获悉其投诉内容，会马上处理。

（4）如果条件允许，最好第一时间与投诉员工见面。当面处理员工投诉比电话或互联网等方式更能让员工满意，而且有助于安抚员工的情绪、推进投诉处理的进度，避免引发事态的进一步升级。

（5）受理员工投诉时，要客观了解员工的投诉要点。这时候要多听少说，引导员工尽量多地表达意见、反映问题。在此过程中，不要说判断性的话，不要妄加评论，可以适当说一些表示理解和安慰的话。不问封闭式的问题，例如"是不是""行不行""好不好"等。多问一些开放式的问题，例如"是什么样的""是怎么回事""你怎么看"等。

（6）做好员工投诉的相关记录，包括投诉的详细情况，例如投诉时间、投诉地点、投诉人、投诉对象、投诉的关键事件、投诉的目标等。员工投诉记录表如表7-5所示。

表 7-5　员工投诉记录表

投诉人	投诉人所在部门	投诉时间 / 地点	投诉方式	投诉对象
员工投诉事件				
员工投诉目标				

（7）在对员工投诉的事件进行调查并得出结论之后，能否适当地处理员工投诉决定了整个员工投诉处理过程的质量。如果处理得当，不仅单次的员工投诉问题能够得到化解，而且能减少未来因为同类问题引起员工投诉的数量；如果处理不得当，可能会让员工投诉问题升级，甚至引发更严重的劳动争议。

- 处理员工投诉的工作人员应把投诉调查的结果向有关领导汇报，根据领导指示，召集相关部门人员，研讨出针对员工投诉的处理结果和行动计划。
- 把员工投诉的调查结果及问题产生的原因告知员工，并把处理结果和行动计划告知员工。
- 对员工投诉的处理结果，要争取投诉员工的理解和认同。尤其是当处理结果与投诉员工原本的诉求不同时，要与其充分沟通，取得投诉员工的理解。

7.3　员工离职管理

员工的离职分为主动离职和被动离职。常见的员工主动离职的情况包括员工主动辞职、员工劳动合同到期和员工正常退休；常见的员工被动离职的情况包括劝退员工、辞退员工和经济性裁员。对企业来说，员工主动离职的法律风险较小，手续相对比较简单，但要注意手续办理的完备性；员工被动离职的法律风险较大，要谨慎操作。

7.3.1　员工辞职申请

《中华人民共和国劳动合同法》（自 2013 年 7 月 1 日起施行）中的相关规定如下。

第三十六条　用人单位与劳动者协商一致，可以解除劳动合同。

第三十七条　劳动者提前三十日以书面形式通知用人单位，可以解除劳动合同。劳动者在试用期内提前三日通知用人单位，可以解除劳动合同。

主动提出辞职的员工，应按照《中华人民共和国劳动合同法》规定的时间提出并填写离职申请表，经所在部门的直属上级、部门负责人和行政管理部审批后，办理离职手续。离职申请表的模板如表7-6所示。

表 7-6　离职申请表

姓名		性别		身份证号	
公司		部门		岗位	
入职日期		申请离职日期		预计离职日期	
家庭住址		联系方式			
离职原因					
直属上级面谈记录				直属上级审批意见	
部门负责人面谈记录				部门负责人审批意见	
行政管理部面谈记录				行政管理部审批意见	

7.3.2　员工离职交接

离职员工在正式离职之前应填写离职交接表，按照离职交接表中的内容逐项执行交接手续，保证完成交接工作。离职交接表如表7-7所示。

表 7-7　离职交接表

姓名		性别		身份证号	
公司		部门		岗位	
入职日期		申请离职日期		预计离职日期	
交接手续					
部门办公物品	□办公设备　□文档资料 □办公用品　□物料工具 □其他			部门负责人签字：	
交接内容 1. 2. 3. 4. 5. 6.		交接人签字 1. 2. 3. 4. 5. 6.		日期：	

信息部门	□ OA 账号 □其他	信息部门负责人签字： 日期：
财务部	□借款清算 □其他	财务部负责人签字： 日期：
行政 管理部	□工作服　　　□工作牌 □出勤情况　　□工资结算 □人事档案　　□员工手册 □办公钥匙归还　□宿舍退理完成 □通信记录更新　□餐卡归还 □其他	行政管理部负责人签字： 日期：
总经理意见： 日期：		

　　离职交接的过程中需注意，由于员工离职后的工作任务、文件资料、办公用品等不一定全部交接给同一个人，所以，交接的过程需要逐项核对，并由接收人逐项签字。如果表格填不下，可以附交接清单。如果交接过程中发现有物品或资料遗失或毁损，给企业造成损失的，应按照企业的相关规定折价赔偿。

　　根据《中华人民共和国劳动合同法》（自2013年7月1日起施行）的规定。企业如果存在下列情形之一的，员工可以解除劳动合同。

　　（1）未按照劳动合同约定提供劳动保护或者劳动条件的。

　　（2）未及时足额支付员工劳动报酬的。

　　（3）未依法为员工缴纳社会保险费的。

　　（4）企业的规章制度违反法律、法规的规定，损害员工权益的。

　　（5）因本法第二十六条第一款规定的情形致使劳动合同无效的。

　　（6）法律、行政法规规定劳动者可以解除劳动合同的其他情形。

　　如果企业以暴力、威胁或非法限制人身自由等手段强迫员工劳动，或企业违章指挥、强令员工冒险作业，或有其他危及员工人身安全情况的，员工可以立即解除劳动合同，不需要事先告知企业。

7.3.3　劳动合同到期

　　劳动合同的解除可以分为协商解除和法定解除两种。协商解除指的是劳动合同双方出于某种原因，在完全自愿的情况下，互相协商，在彼此达成一致的基础上提前终止劳动合同。法定解除是指根据国家法律法规或合同规定，在达到可以解除劳动合同的情况时，不需要双方当事人一致同意，合同效力可以自然或单方提前终止。

员工的劳动合同到期之后，如果企业不想与员工续签，那么要根据员工的工作年限，给员工经济补偿。

如果企业想与员工续签，但想给员工向下调整薪酬或岗位，如果员工本人同意，则没问题；如果员工本人不同意，这类因为企业降低原来的劳动条件导致员工不续签劳动合同的情况，企业同样要支付员工经济补偿。

只有在一种情况下，员工的劳动合同到期后，企业不需要提供经济补偿，那就是企业维持或提高员工原来的劳动条件，但员工本人不愿意和企业续签。这种情况相当于员工自愿提出离职。

企业向员工支付经济补偿的标准参照《中华人民共和国劳动合同法》（自 2013 年 7 月 1 日起施行）的规定，具体内容如下。

第四十七条　经济补偿按劳动者在本单位工作的年限，每满一年支付一个月工资的标准向劳动者支付。六个月以上不满一年的，按一年计算；不满六个月的，向劳动者支付半个月工资的经济补偿。

劳动者月工资高于用人单位所在直辖市、设区的市级人民政府公布的本地区上年度职工月平均工资三倍的，向其支付经济补偿的标准按职工月平均工资三倍的数额支付，向其支付经济补偿的年限最高不超过十二年。

本条所称月工资是指劳动者在劳动合同解除或者终止前十二个月的平均工资。

7.3.4　员工退休操作

根据各地人社部门规定的不同，退休办理的流程不尽相同，当员工达到法定退休年龄后，正常退休的办理流程一般包括以下步骤。

（1）员工先填写退休申请表（一般需含有 1 寸照片）。企业每月在当地人社部门规定的时间内，向人社部门提交退休人员的退休申请表、身份证原件及复印件（复印件一般一式两份）、医保卡复印件、员工档案（一般需要加盖企业公章）。

（2）人社部门审核退休人员的出生年月、参加工作时间、历年调资表、社保缴费年限等，审核后开具公示单。

（3）企业公示无异议后，加盖企业公章。当月缴纳完社保后，企业对退休人员进行减员，同时向人社部门提交退休申请表、退休申报表、退休公示表。

（4）有部分地区的人社部门对有需要的人员，可以打印退休证明。

如果是特殊工种或因病等情况需要提前办理退休的人员，办理流程比正常的退休流程多一步——提前审核，企业可以根据当地人社部门的具体要求提交相关审核材料。

7.3.5 劝退员工的方法

劝退，指的是企业通过相关人员和员工谈话，希望员工能够主动提出辞职。劝退不合格的员工是企业降低用人成本、提高用工效率的必要方式。虽然企业需要严格遵守劳动法律法规，不得随意辞掉员工，但也不能让管理流于形式，任由不合格的员工在企业中越来越多。

企业在劝退不合格的员工之前，首先需要确认该员工不合格。如果员工在某一岗位达不到岗位要求，企业需要提供必要的培训。如果培训之后该员工还是不能达到岗位要求，可以调岗或继续培训，若仍不合格，再实施劝退。

企业劝退不合格员工的核心目的并不是免于支付经济补偿，而是让员工了解自身能力与企业岗位要求之间的差距，减轻员工对离职的抵触情绪，维护好企业的社会声誉。如果员工意识到这一点后自愿提出离职，也能在事实上为企业降低成本。

企业在劝退不合格员工前，要了解相关的法律法规，要提前经过工会的审批，面谈者要分析该员工的性格特点，了解他的上下级关系，了解大家对他的评价并收集必要的数据资料或文档等证明材料，还要提前预测面谈过程中可能出现的状况。

面谈的内容应以事实为主，简单的寒暄之后可以直奔主题，围绕员工不合格的原因展开对事实的讨论。如果员工接受，面谈者可适当对其提出建议；如果员工不接受，可以说出不接受的原因和证据，行政管理人员对此应做必要的核查。

为了稳定离职员工的情绪，行政管理人员需告知员工能够享受的权利。如果有必要，企业可以为员工写推荐信。行政管理人员可以给员工提出职业发展的建议，有条件的企业可以给予员工职业生涯发展的培训。员工确认离职后，企业应启动员工离职程序，做好工作交接。

在劝退员工前，企业需要做好如下工作。

1. 具体化人才录用条件

企业需要具备具体、明确的岗位工作条件。根据《中华人民共和国劳动合同法》（自2013年7月1日起实施）规定，员工在试用期间被证明不符合录用条件的，企业可以与其解除劳动合同，并且不需要支付经济补偿。实务中，难点往往出现在企业难以证明员工究竟在哪方面不符合录用条件。所以企业要具体化人才录用的条件以避免这样的情况，可以参考下面的例子。

举例

某岗位需要员工上夜班，企业在人才录用条件中要注明这个需求。对于这个需求，某企业做出的规定为：该岗位每个自然月需要上10天夜班，必须根据公司统一的排班要求出勤，每月夜班的请假时间不得超过2天，此条件为从事本岗位的必要条件。

2. 具体化岗位胜任条件

企业需要列出具体、明确的岗位胜任条件。根据《中华人民共和国劳动合同法》（自2013年7月1日起施行）规定，如果员工不能胜任现岗位的工作，经过培训或岗位调整仍不能胜任工作的，企业可以与其解除劳动合同。实务中，能不能胜任工作也是一个难以衡量的概念。所以企业要具体化岗位胜任的条件，可以参考下面的例子。

举例

某生产岗位的胜任条件为：8小时以内，生产合格品的数量不少于50件。某服务岗位的胜任条件为：每个月顾客满意度须达到90%以上。某人事管理招聘岗位的胜任条件为：公司每月的招聘满足率须达到95%以上。

3. 具体化严重失职条件

企业需要列出具体、明确的在工作岗位严重失职的条件。根据《中华人民共和国劳动合同法》（自2013年7月1日起施行）规定，员工因为严重失职给用人单位造成重大损害的,企业可以与其解除劳动合同。同样,"严重失职"和"重大损害"也都是难以衡量的。所以企业要具体化严重失职的条件，可以参考下面的例子。

举例

某公司保安岗位规定，如果在未登记的情况下让非本公司的人员进入公司，则属于严重失职；某财务岗位规定，如果账务出现10万元以上的差异，则属于严重失职；某质量检验岗位规定，如果某批次产品出现重大质量问题，则属于严重失职。

不论是人才的录用条件、岗位的胜任条件，还是严重失职的条件，能够避免争议、化解误解、提升管理效率的关键点都是通过数字量化的方式来定义岗位的基础要求、能力要求、绩效指标等。同时，企业平时要注意相关数据和证据材料的收集和保存。

7.3.6 辞退员工的方法

辞退，指的是因员工违反企业的规章制度、劳动纪律或犯有重大错误，但还没有达到双方自动解除劳动关系的条件，经过合法合规的处罚、调岗、培训后仍然无效，企业内部研讨后，经过一定的程序主动与该员工解除劳动关系的行为。

《中华人民共和国劳动合同法》（自 2013 年 7 月 1 日起施行）的相关规定如下。

第三十九条　劳动者有下列情形之一的，用人单位可以解除劳动合同：

（一）在试用期间被证明不符合录用条件的；

（二）严重违反用人单位的规章制度的；

（三）严重失职，营私舞弊，给用人单位造成重大损害的；

（四）劳动者同时与其他用人单位建立劳动关系，对完成本单位的工作任务造成严重影响，或者经用人单位提出，拒不改正的；

（五）因本法第二十六条第一款第一项规定的情形致使劳动合同无效的；

（六）被依法追究刑事责任的。

第四十条　有下列情形之一的，用人单位提前三十日以书面形式通知劳动者本人或者额外支付劳动者一个月工资后，可以解除劳动合同：

（一）劳动者患病或者非因工负伤，在规定的医疗期满后不能从事原工作，也不能从事由用人单位另行安排的工作的；

（二）劳动者不能胜任工作，经过培训或者调整工作岗位，仍不能胜任工作的；

（三）劳动合同订立时所依据的客观情况发生重大变化，致使劳动合同无法履行，经用人单位与劳动者协商，未能就变更劳动合同内容达成协议的。

这里需要注意两点，一是确认员工满足上述情况时，企业需要有足够的证据。二是当满足某些情况时，企业不能与员工解除劳动合同。《中华人民共和国劳动合同法》（自 2013 年 7 月 1 日起施行）的相关规定如下。

第四十二条 劳动者有下列情形之一的，用人单位不得依照本法第四十条、第四十一条的规定解除劳动合同：

（一）从事接触职业病危害作业的劳动者未进行离岗前职业健康检查，或者疑似职业病病人在诊断或者医学观察期间的；

（二）在本单位患职业病或者因工负伤并被确认丧失或者部分丧失劳动能力的；

（三）患病或者非因工负伤，在规定的医疗期内的；

（四）女职工在孕期、产期、哺乳期的；

（五）在本单位连续工作满十五年，且距法定退休年龄不足五年的；

（六）法律、行政法规规定的其他情形。

企业辞退员工时，可以按照辞退通知书向员工发出正式的文件。辞退通知书的模板如下。

先生 / 女士：

我公司与您于　年　月　日签订了劳动合同，双方建立了劳动关系，您成为我公司　　部门　　岗位员工。但在劳动合同的履行过程中，公司发现您不能胜任本职工作，存在　　　　的不良行为，给公司的经营发展带来损失，本公司决定将您辞退，终止与您的劳动关系。

请您接到本辞退通知后，尽快办理交接事宜，将交接清单提交行政管理部，并前往行政管理部办理离职手续，本公司将按照劳动法的规定，给予您一个月工资的经济补偿。同时，接到本辞退通知后，您不得再以公司名义开展任何业务活动，否则造成的一切后果由您本人承担。

　　　　　　　　　　　　　　　　　　　　　　　××公司

　　　　　　　　　　　　　　　　　　　　　　　年　月　日

需要特别注意的是，即使员工确实严重违反了企业的规章制度，但不到万不得已，都不要采取辞退的方式。一是这么做企业存在法律风险；二是可能会影响企业声誉。在辞退员工前，企业可以先实施劝退。为了成功劝退员工，企业同样应当支付员工应得的经济补偿。

7.3.7 经济性裁员

经济性裁员指的是企业的生产经营遇到困难，为了保证企业能够正常存续，通过一次性主动辞退部分员工的方式来缓解经营状况的做法。经济性裁员的规定可以参考《中华人民共和国劳动合同法》（自 2013 年 7 月 1 日起施行），具体内容如下。

第四十一条　有下列情形之一，需要裁减人员二十人以上或者裁减不足二十人但占企业职工总数百分之十以上的，用人单位提前三十日向工会或者全体职工说明情况，听取工会或者职工的意见后，裁减人员方案经向劳动行政部门报告，可以裁减人员：

（一）依照企业破产法规定进行重整的；

（二）生产经营发生严重困难的；

（三）企业转产、重大技术革新或者经营方式调整，经变更劳动合同后，仍需裁减人员的；

（四）其他因劳动合同订立时所依据的客观经济情况发生重大变化，致使劳动合同无法履行的。

裁减人员时，应当优先留用下列人员：

（一）与本单位订立较长期限的固定期限劳动合同的；

（二）与本单位订立无固定期限劳动合同的；

（三）家庭无其他就业人员，有需要扶养的老人或者未成年人的。

用人单位依照本条第一款规定裁减人员，在六个月内重新招用人员的，应当通知被裁减的人员，并在同等条件下优先招用被裁减的人员。

当企业满足经济性裁员的条件后，企业应当提前 30 天向工会或全体员工说明情况、告知理由，听取工会或全体员工的意见，要与员工谈话，并按照相关法律法规向劳动行政部门报告。

对于企业违反法律、行政法规规定或者劳动合同约定的，工会有权要求企业纠正。企业应当重视工会的意见，并将工会要求的工作处理结果或工会要求提供的相关材料以书面形式通知工会。

如果有员工给企业造成损失的，企业有权要求赔偿。

7.3.8　离职证明模板

当企业与员工之间解除或终止劳动合同时，为了保障员工的合法权益，避免产生劳动纠纷，企业应当为员工出具解除或终止劳动合同的证明，即离职证明。不论员工是主动离职还是被动离职，企业都需要开具离职证明。

开具离职证明时需注意，应当写明员工的基本身份信息、劳动合同的起止日期、工作岗位等信息。离职证明的格式模板内容如下。

离职证明

姓名___，性别___，身份证号_____，自___年__月__日入职我公司，因自身原因，于____年__月__日向我公司提出辞职申请，离职前从事岗位为____，最后到职日期为___年__月__日。

我公司同意其辞职申请，经协商一致，与其解除劳动合同。双方已办理完全部离职手续，并无任何劳动争议。

特此证明！

____年____月___日

公司名称：（公章）

公司地址：

公司电话：

7.3.9 人事档案转出

员工离职或因其他原因需要转出人事档案时，需要走档案转出流程，且需由相关部门领导和行政管理部审批后方可将档案转出。确认档案转出的依据为人事档案转出审批表，格式模板如表7-8所示。

表7-8 人事档案转出审批表

填表日期：___年__月__日

离职人员	姓名		性别	身份证号	
	所在部门		工作时间	___年__月—___年__月
	岗位		联系方式	
	离职日期		离职原因	
	转出申请		本人签字：___年__月__日	
直属领导		签字：___年__月__日		
分管副总		签字：___年__月__日		
行政管理部		签字：___年__月__日		
总经理		签字：___年__月__日		
办理情况		本人签字：___年__月__日		

员工转移档案时，企业需要出具企业职工档案转移单，格式模板如下。

企业职工档案转移单（存根）

〔 　 〕 　第 　号

_____：

　　兹转去我单位 　　　　　　　同志等 　人档案材料 　份，查收是盼。

发出日期： 　年 　月 　日

企业职工档案转移单

〔 　 〕 　第 　号

_____：

　　兹转去 　　　　　同志等 　人档案材料 　份，希查收。并请速将回执退回是盼。

发出单位

年 　月 　日

回 　执 　联

_____：

　　今收到你单位 　　同志档案 　份。

接收单位名称： 　　　　　　　　接收人：

年 　月 　日

注：转出单位收到回执后贴到存根上。

　　其中，企业职工档案转移单（存根）由企业留存，企业职工档案转移单和回执联交给员工。企业职工档案转移单上需要原单位盖章。员工携带这两联单据和人事档案到新的接收单位办理档案接收手续。档案接收单位在回执联上盖章，由员工送回原单位。

如果是干部档案转出，应出具企业干部档案转递单，流程和方法同普通职工档案一样，格式模板如下。

企业干部档案转递单（存根）

〔　　〕　　第　　号

_____：

兹转去我单位　　　　同志等　　人档案材料　　份，请查收。

发出日期：　　年　月　日

企业干部档案转递单

〔　　〕　　第　　号

_____：

兹转去我单位　　　　同志等　　人档案材料　　份，请查收，并请速将回执退回。

发出单位

年　月　日

回　执　联

_____：

今收到你单位　　　　同志等　　人档案材料　　份。

接收人：　　　　　　　　接收单位：

年　月　日

注：转出单位收到回执后贴到存根上。

【疑难问题】一线员工招工难怎么办

随着经济发展，人口红利消减，一线员工的需求量逐渐增加，但相应的资源却在逐渐减少。一线工作的环境和劳动强度相对较大，员工流失率往往也较大。"用工荒"已经成为国内企业普遍面临的问题。针对一线员工难招的问题，行政管理部可以通过以下方式解决。

1. 专人负责

在招工难的企业，招聘工作应由专人负责，任务明确、责任到人。

2. 宣传到位

吸引人才的原理就像广告传播的原理，广告被越多人看到，销售出产品的可能性就越大。招聘信息被越多人看到，人才到公司面试的可能性越大，最终企业选到合适人才的可能性就越大。

3. 渠道全开

同宣传的原理类似，在不超过招聘费用预算的前提下，行政管理部应将能够想到的、用到的招聘渠道全部都用上。要持续检查、评估现有各招聘渠道的使用情况，同时不断寻找和开发新的招聘渠道。

4. 面试吸引

一线员工相对更在乎工资，许多人一听到工资待遇之后就选择离开，到工资更高的公司工作。其实，很可能工资更高的公司存在福利待遇更差、工作环境更恶劣、更劳累、加班更严重等问题。所以，在招工难的企业，对一线员工面试的过程不仅仅是选拔的过程，对合适的候选人，还要了解他选择企业最关注的点是什么，从而有针对性地说出公司的优势，起到吸引人才的效果。

5. 有效留人

有效留住人才同样重要，有条件的企业可以适当提高工资水平，在当地保持有吸引力的工资水平。同时，以福利待遇、人文关怀、劳动环境、组织情感、弹性假期、发展空间、企业文化、激励机制等手段留住人才。

【疑难问题】员工非正常离职怎么办

个别员工有时因为存在负面情绪或为了节省离职的时间，可能会选择不办理离职手续或以旷工的方式来直接与企业解除劳动关系。从法律层面上讲，员工不履行正常的离职手续就擅自离岗的，需要承担相应的违约责任；如果对原用人单位造成经济损失的，还应当承担相应的赔偿责任。但实务操作中，这种员工的行为往往会让企业很头疼。

应对这种状况，企业可以在公司的规章制度中规定：员工连续旷工 7 天或一年之内累计旷工 20 天，属于严重违反公司规章制度和劳动纪律的行为，将视为员工主动离职，单位可以和员工解除劳动关系并且不需要支付经济补偿。注意，所有新入职员工必须学习相应的规章制度，并签字确认。

按照这种方式操作，如果员工连续旷工满 3 天，行政管理部应对其进行提醒，首先通过电话与员工联系，如果通过电话无法联系到员工本人，尝试联络员工的紧急联系人。如果仍无法取得联系，则可以通过快递向员工发送恢复上班通知函，格式模板如下。

恢复上班通知函

×× 同志：

您自_____年____月___日起一直未正常出勤，现通知您务必于收到本通知后 3 日内到_____公司行政管理部办理恢复工作手续。

若在规定时间内您未恢复工作，公司将根据规章制度第___章第__节第__条规定：连续旷工 7 日者，按自动离职处理，公司有权直接解除劳动关系。由此导致的一切不利后果，将由您自行承担。同时，公司保留通过法律途径追究您因未正常履行工作职责给公司造成经济损失的权利。

特此书面通知。

×× 公司
行政管理部
年　月　日

从对非正常离职员工的处理方式中能够看出，在员工入职阶段填写的个人信息中的员工电话、地址、紧急联系人的联系方式等信息是多么重要。行政管理人员应核实员工提供的电话信息是否准确。员工填写的地址信息不可笼统，必须提供详细到门牌号的可邮寄地址。如果员工异常离职情况较多，企业可以要求员工入职时至少提供 2 个紧急联络方式。

恢复上班通知函的快递发出后，若仍未收到员工的任何回复，员工旷工 7 日后，行政管理部应立即知会工会，经工会同意后，通过快递向员工发送解除劳动关系通知函，格式模板如下。

解除劳动关系通知函

×× 同志：

因您严重违反劳动合同和公司的相关规定，现经研究决定，自即日起解除双方劳动合同关系。

请您务必于收到本通知后 3 日内到_____公司行政管理部办理离职手续，并领取解除劳动关系证明，若在规定时间内未履行上述手续，由此导致的一切不利后果将由您自行承担。

特此书面通知。

×× 公司

行政管理部

年 月 日

处理员工非正常离职的情况时，还需要注意如下事项。

（1）恢复上班通知函和解除劳动关系通知函是公司的正式文件，发送前需要加盖公司公章。

（2）发函选择的快递公司应为规模较大、管理规范的公司，快递公司要能够提供快递签收的回执单。

（3）行政管理部需要保留好发函的快递单号和快递回执单，以此作为通知的依据。

（4）若发函地址无效，函被退回，行政管理部应立即登报公示。

【疑难问题】如何降低员工的流失率

人才流失对企业造成的损失不仅包含招聘成本、培训成本等管理成本，还包括从寻找接任者到接任者达到能够满足该岗位需求能力的时间成本和因人才流失影响现有在职人员士气的精神成本。降低员工的流失率可以从以下几方面着手。

1. 注意招聘的环节

面试时，如果候选人曾经的工作经历转换比较频繁，平均每份工作的时间不超过 3 年，工作过的公司数量较多，且转换工作的理由含糊，说明该候选人的稳定性较差，企业在选择时需谨慎考虑。

有的行政管理人员为了迅速吸引人才，在招聘宣传的时候会给候选人传递过于夸张的正面信息；有的行政管理人员提供薪酬信息时只提供薪酬范围（例如，月薪 4 000~15 000 元）；有的行政管理人员甚至提供虚假岗位、薪酬、福利待遇等信息。这会使候选人产生过高的期望，候选人入职后发现实际情况与行政管理人员的描述或想象不符，必然会产生较大的心理落差，最终导致离职。

2. 用薪酬福利留住员工

具有市场竞争力的薪酬福利体系是留住员工的有效手段之一。薪酬和福利应采取多样化的方式，不仅应包括工资和奖金金额的提高，还应在薪酬福利的多样性、长远性、独特性上下功夫。例如，设置员工持股计划、提供菜单式可选的个性化福利、定期组织团建活动等。

需要注意，薪酬和福利是保障因素，而不是激励因素；是能够满足员工物质和生活需求的基本资源，而不是灵丹妙药；一味地期望通过采取高薪酬、高福利留住人才的方式并不可取。

3. 用文化和情感留住员工

比制度更能够影响员工的是企业文化，企业文化是员工扎根的土壤，优秀的企业文化天然具有吸引和留住员工的作用，能够让员工在这片土壤中茁壮成长；而不好的企业文化就像一股无形的力量会把员工往外推。

与薪酬和福利这类保障因素不同，与员工建立起的情感交流属于激励因素。上级和同事与员工之间建立起感情纽带，能够极大地增加员工的幸福感、满意度和责任感，进而增强员工的稳定性。

4. 用职业发展留住员工

如果企业能够为员工提供良好的学习和培训机会，提供一条畅通、清晰的职业发展通道，那么哪怕目前企业在该岗位上的薪酬没有市场竞争力，但是未来的预期收益却很明显。职业的发展和能力的提升意味着员工将收获因自身价值提高而增加的满足感，因此会有许多员工为了得到更好的发展选择留在企业。

所以，企业应完善培训管理体系，做好职业发展通道建设，为员工创造更多学习和发展的平台和机会。

第 8 章

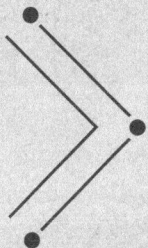

安全保密管理

　　在很多情况下，安全和保密工作是企业的"生死线"。不论企业当前的经营状况有多好，只要安全和保密工作没有做好，就可能给企业带来巨大的经济损失，还可能造成人员伤亡，最终让企业的经营以悲剧收场。

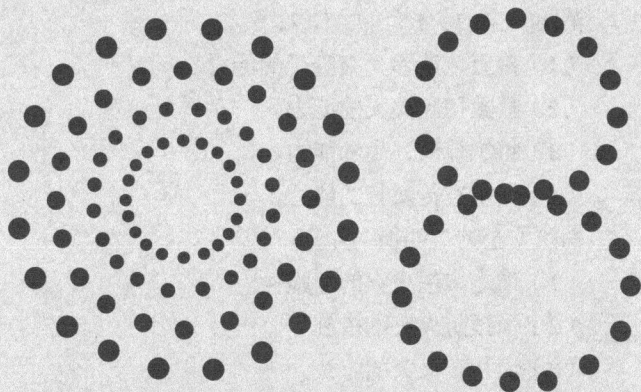

8.1 消防安全管理

在企业的日常运营中，疏忽消防管理、不懂防火、不会灭火以及不正确的救护逃生，都会给企业带来不必要的财产损失或人员伤亡，甚至酿成惨痛的悲剧。因此，企业必须重视消防管理，落实消防安全工作，组织员工学习消防安全和预防火灾的知识。

8.1.1 消防安全要求

企业对消防安全的管理，要做到"预防为主，防消结合"。

所谓"预防为主"，就是在消防工作的指导思想上把预防火灾放在首位，立足于"防"。在企业内部要依靠各个部门，调动各部门的力量，贯彻落实各项防火的行政措施、技术措施和组织措施，在思想上、物质上和管理上真正实现以"防"为主，从根本上取得同火灾做斗争的主动权，有效地防御火灾，从源头上减少火灾的危害。

所谓"防消结合"，就是将同火灾做斗争的两个基本手段"预防"和"扑救"有机地结合起来，相辅相成，相互促进。防消结合必须建立在全面、有效地做好防火工作的基础上，大力加强消防队伍建设，全面提高火灾扑救能力，强化消防基础设施建设，从思想上、组织上、技术上做好灭火准备，要做到一有火情，就能够迅速有效地予以扑灭。

企业要做好消防安全管理，首先要让全体员工具备消防安全的"4 个能力"，达到全体员工对消防安全的"四懂""四会"。

消防安全的"4 个能力"如下。

（1）检查、消除火灾隐患的能力。

（2）扑救初起火灾的能力。

（3）组织疏散逃生的能力。

（4）消防宣传教育的能力。

消防安全的"四懂"如下。

（1）懂本岗位火灾的危险性。

（2）懂预防火灾的措施。

（3）懂扑救火灾的方法。

（4）懂逃生的方法。

消防安全的"四会"如下。

（1）会使用消防器材。

（2）会报火警（119）。

（3）会扑救初起火灾。

（4）会组织疏散逃生。

为了强化员工的消防安全意识，在日常的工作中，企业可以对员工做以下要求。

（1）严禁任何非专业电工私自拉电线。

（2）不得在电线或电器设备上乱搭乱放物品，避免发热燃烧。

（3）不得在宿舍里使用电热毯、电炉、"热得快"等大功率、危险系数高的电器。

（4）非必要的岗位之外，其他岗位日常工作中严禁私自使用明火，需要使用明火时要采取安全措施，并要有应急措施。

（5）如果有外来施工人员需要用电用火，尤其是进行电焊一类的工作时，一定要通知分管安全的部门，在作业现场安排专业人员监督，并要有应急预案，以免发生事故。

8.1.2 防火工作重点

在预防火灾方面，企业要做好以下几点。

1. 定期检查

企业要对生产和办公区域内的所有设备、电源电路、开关、灯具及易燃易爆物品等进行定期检查。所有部门要在下班前进行全面、认真的检查，包括检查电源情况，开关的关闭情况，有无烟头、明火等情况。

2. 严格要求

对生产区域、办公区域、宿舍区域，企业要有关于消防安全的严格要求，要明确在消防安全方面，什么样的行为一定要有，什么样的行为一定不可以有。

3. 禁止超负荷

企业使用的所有电器必须要在电路的承受范围内，很多的火灾是因为电器设备超负荷工作，产生大量的热而引起的。所以，避免电器超载是很重要的防火方式。

4. 注意爱护和检查消防设备

消防设备包括灭火器、消防栓、灭火毯、消防桶、报警系统、防火卷帘门、自动喷淋装置等。所有的消防设备要有明显的标志，要能容易获取，消防设备平时严禁挪作他用。

5. 保证消防逃生通道畅通

消防逃生通道是发生火灾之后实施营救和疏散被困人员的通道，例如楼梯口、过道等。消防通道一般都装有消防指示灯。任何员工不得占用、堵塞、封闭消防安全通道。

6. 定期进行消防演练

企业要定期组织消防演练。员工要积极参加、听从命令、服从指挥，通过消防演练达到熟悉消防程序、掌握灭火方法、会报警、会使用灭火器材、能扑救初火和引导人员疏散的目标。

7. 消防值班

有消防控制室的企业，夜间必须安排人员值班；如有消防报警设备，但消防控制室属于物业，那么企业必须将至少两名安全负责人的电话号码交给消防控制室。

消防安全检查工作的实施流程和注意事项内容如下。

（1）形成消防安全检查小组。消防安全检查小组的人员数量一般为 3 ~ 5 人，人员中必须包含消防安全方面的专业人士。

（2）消防安全检查应当对所有生产设备、电器、电源、燃气等进行彻底检查，消防安全检查小组的检查必须形成检查记录表。

（3）消防安全检查小组要对消防设备进行重点检查，检查项目包括烟感报警器、喷淋装置、消防排烟、消防卷帘、消防栓、灭火器等。检查完后，必须填写检查记录本，如有问题及时整改。

电线使用问题是一般企业办公区发生火灾最常见的原因，行政管理部要注重企业所有电线的管理工作。企业在日常工作中使用电线时要注意以下事项。

（1）定期检查线路是否存在老化现象，电线接头处是否接触良好。如存在问题要及时更换处理。

（2）安装设备铺设电线时选择与设备功率相符的线径，保证电线不会超温、老化。

（3）铺设电线时，应对电线进行套管处理，不能直接将电线裸露在外面。

（4）安装插座接地线，新装设备应有牢靠的接地。

（5）已处理好的电线套管一定要牢靠，管夹不能有掉落的现象。

（6）配电室、电闸周围不应有易燃、易爆物品，不应堆积货物，要保证良好的通风。电闸上下端接线要牢靠。

（7）不允许员工私拉电线。外部人员维修设备时，一定要有本企业专业电工和安全管理人员监督并在完工后认真检查是否存在安全隐患，需要用电时要向相关安全责任部门申请并获得同意。

（8）下班前要检查设备开关是否关闭，电箱上方是否有堆积物，保证电箱整体的清洁。非必要设备的所有电源开关应当全部关闭，所有插座应当断电。

8.1.3 火灾危机处理

燃烧有三大必备条件，分别是可燃物（指可以燃烧的物质）、助燃物（指能够帮助燃烧的物质）、着火点（指将物质加热到能够持续燃烧的温度）。灭火的最终目标就是让3个条件中的至少一个不存在。

在产生火种时，应迅速扑灭初火，同时控制其蔓延。及时扑灭小火和初火是灭火的最好时机，要扑灭初火必须及时发现火源，并迅速用正确的方式灭火。常见火灾的种类及对应的灭火方法如下。

1. 固体火

固体火也叫普通火，指的是普通固体物质，如木材、衣物、纸箱等引起的火。用水扑灭普通火是最好的方法，既经济又方便，而且效果也较好。适用的灭火器材有消防栓、自动喷淋装置、手提贮存式干粉灭火器、二氧化碳灭火器、1211灭火器、泡沫灭火器。

2. 液体火

液体火指的是燃油、食油、油漆、酒精等引起的火。它的特点是这些物质着火点低，易蒸发成蒸汽，一旦遇到火星，就会着火燃烧或发生爆炸。扑灭液体火灾的最好方法是将其覆盖，隔绝空气。小的液体火灾可用湿的石棉布、帆布、毯子、衣服等覆盖物扑灭。

3. 电火

电火指的是电器设备漏电、短路、接线松弛、超负荷等引起的火。扑灭电火首先应切断电源，然后按灭普通火的方式操作。如果无法切断电源，可用二氧化碳、四氯化碳、干粉、1211灭火器灭火。注意，在有电的情况下，严禁用水灭火。

在灭火的同时要搬走火区附近的易燃物和可燃物。如果当时身边无灭火器材可用，应机动灵活地使用浸水的衣物、被子、垫子、毯子等物品将燃烧的物体表面覆盖，使燃烧物和空气隔绝，或用扫帚、拖把、衣物等扑打使其熄灭。如果燃烧物相对独立、可以移动，可以将燃烧物（非带电燃烧物）直接抛入水中，或移到空旷、安全的地方，待其燃尽后自行熄灭。

对所有的火灾，根据起火现场的具体情况，可以机动灵活地采取窒息、冷却、断绝可燃物等方法，这些都是灭火的有效手段。灭火时要充分利用周围的环境，要选择从上风方向接近火源，并利用墙壁、隔断等挡住火焰，避免人员烧伤。

企业应锻炼和培养每一个员工在发生火灾之后的应急处理能力。一般来说，员工第一时间发现火情之后，应大声呼叫，提醒周围的员工，并迅速扑灭初火。如果发现火大不易扑灭，应迅速报火警，并通知其他员工逃离现场。有消防警报的企业应当迅速拉响消防警报。

为有效地降低财产损失和减少人员伤亡，企业应向每一个员工教授有关被困火场中的正确自救和互救的方法和基本常识，主要如下。

（1）当发生火灾时，头脑要冷静，人多时要保持良好秩序，仔细观察形势，寻找合理的逃生方法。

（2）发现逃生方法的员工要通过手势或呼叫等方式正确引导人员沿疏散通道、疏散楼梯、安全出口撤到安全位置。

（3）烟雾大时用湿的毛巾或衣服捂住口鼻，弯腰行进撤离火场，防止吸入有害气体。

（4）在起火的楼中不能乘坐封闭的电梯，以免电梯断电造成人员被困在电梯内而无法逃生的情况。

8.2　日常安全管理

企业的日常安全管理直接影响着企业的稳定发展，做好日常安全管理，能够降低企业的成本和风险。企业日常安全管理中比较重要的项目包括生产安全管理、资金安全管理和内外防盗管理3个方面。

8.2.1　生产安全管理

生产安全管理，也叫作业安全管理，指的是企业对员工日常生产作业活动中的安全情况实施管理。企业在实施生产安全管理的时候，要注意以下事项。

1. 落实安全责任

一般来说，部门负责人是部门生产作业安全的责任人，需要落实好本部门员工的生产作业情况，对员工进行教育培训，查找员工生产作业环节中的不安全行为并及时予以纠正，培养员工的生产作业安全意识，帮助员工养成良好的工作习惯。

2. 标准工作流程

将生产作业流程标准化能够有效地降低生产作业事故风险。制定标准作业流程时，要细化到每一个动作，注意动作背后的安全风险。标准作业流程中应当包含每个环节的安全注意事项的提示。

3. 建立安全制度

统一规范的制度是生产作业安全管理有效实施的基础。安全制度中应当明确规定员工在生产作业环节中应做的行为及需要避免的行为。员工要认真贯彻执行公司的各项安全规章制度，不违章作业，做到"不伤害自己、不伤害别人、不被别人伤害"，并随时制止他人的违章作业。

4. 进行统一培训

企业应当定期进行统一的生产作业安全培训。培训的重点是安全意识和安全行为。员工应积极参加安全教育和培训，熟知本工种岗位安全技术操作规程和标准工作流程，坚守工作岗位，做到有证操作、安全生产。

5. 收集安全建议

企业应主动收集来自一线的安全建议。企业通过让员工主动提出改进安全生产工作的意见的方式，能够不断地提高员工的安全意识，丰富员工的安全生产知识，提高员工的安全生产技能，增强员工的事故预防和应急处理能力。员工有权对安全工作中存在的问题提出批评、检举、控告，有权拒绝违章指挥和强令冒险作业，有权不接受违背安全技术操作规程的生产任务，并应及时向上级报告。

6. 做好安全检查

企业要定期按部门进行生产作业安全检查，准确分析、判断和处理异常情况，及时根据检查中发现的问题做出调整，消除安全隐患。除了消除风险外，检查的结果可以作为对安全责任人的安全工作考核依据，也可以作为安全培训的素材。

7. 实施设备管理

员工作业时要服从命令、听从指挥，接受上级和安全管理人员在安全生产方面的指导。要正确使用和妥善保管机械设备、工具，各种劳动保护用品、器具以及防护、消防器材，发现异常应妥善处理、及时上报，并认真做好记录。要认真执行交接班制度，接班前认真检查本岗位的机械设备和安全设施及工、器具是否齐全完好。

8. 做好应急处理

当发生生产安全事故时，或发现直接危及人身安全的紧急情况时，员工有权停止作业或在采取可能的应急措施后撤离作业现场，并应立即向上级报告，实事求是地向调查人员提供信息，不得隐瞒或制造假象。

8.2.2 资金安全管理

资金是企业中非常重要、非常敏感的管理对象。资金管理的对象一般包括现金、资金收入、资金支付、资金计划、外汇管理、银行账户、银行授信、存款、融资、担保、理财等。企业应当以统一管理、关注重点、保障安全和提高效率为原则来做好资金管理。

企业进行资金安全管理要注意如下事项。

（1）企业的会计和出纳人员应当单独设置，出纳人员应当采用聘用制，应具备会计从业资格，并持有相关证书。

（2）企业开立、变更、关闭银行账户必须经过最高管理者审批。

（3）企业所有的收入必须纳入会计核算，严禁任何部门及员工个人私自保管收入，严禁设立任何性质的"小金库"。

（4）为了避免出现资金安全问题，企业对资金支付的审批可以分成"经营业务审批"和"资金支付审批"两个环节。

（5）设置资金审批权限，不同额度的资金由不同的责任人审批，超过额度就必须由更高一级管理层审批。

（6）资金收支业务实行职责分离制，资金的收支与记账分离，资金收支的经办与审核分离。

（7）定期对资金安全管理的运行情况进行检查，对资金安全管理职责履行不到位的人员实施追责。

如果企业信息系统建设较完善，设有资金管理的服务器、前置机及银行提供的密钥等硬件，为了加强资金硬件的安全性，提高工作效率，对资金管理服务器的管理要注意如下事项。

（1）所有资金系统的前置机都应放在企业的机房，而不是放在合作的通信公司机房，以便在需要时手动重新启动服务器，并监控银行提供的密钥。

（2）资金相关的前置机要放在单独的机柜里，前后都要上锁；或设置前后围栏，围栏上锁。两把钥匙分别由企业的信息负责人和财务负责人保管。

（3）信息负责人保管前面的钥匙，用于手动重新启动服务器；财务负责人保管后面的钥匙，用于对银行密钥的管理（可能需要重新拔插）。

（4）保管钥匙的负责人如果临时有事，要做好交接工作并提供交接文档。负责人要定期做必要的巡检，并做好相关记录。

（5）对资金服务器的任何操作（如前置机的系统维护、密钥的升级或更换），都至少需要两个人在现场。

（6）资金服务器需 7×24 小时进行摄像监控。

对资金安全管理相关硬件设备的管理如表 8-1 所示。

表 8-1　资金安全管理相关硬件设备的管理

设备名称	存放地点	管理方式
服务器	通信公司机房	随其他设备一起管理
前置机	企业的机房	单独机柜存放，机柜加围栏并单独上锁，7×24 小时视频摄像监控
银行提供的密钥	企业的机房	单独机柜存放，机柜加围栏并单独上锁，7×24 小时视频摄像监控，密钥升级或更换时要有纸质交接文档，且企业至少有两个人签字

8.2.3　内外防盗管理

企业的防盗管理不仅是保卫或安全员的事，也是全体员工的责任，企业应形成人人都是防盗员的风气，人人都要有很强的防盗意识。为了做好防盗管理，企业应当划分区域，落实防盗责任，把防盗责任落实到人。对于内部防盗和外部防盗，可以采取不同的应对措施。

1. 外部防盗

当员工发现有企业外部的可疑人员时，可以第一时间主动与可疑人员接触，引起他的注意，询问他的需求；也可以立即通知企业的保卫，让保卫与可疑人员接触。

当员工发现有外部盗窃事件时，应立即通知保卫，在通知保卫后，如果有能力制止，可以第一时间制止；如果没有能力制止，应做好自我保护，并记录盗窃人员的形象特征、车牌号及去向。

2. 内部防盗

防范内部盗窃是企业管理中非常重要的一环，是上至总经理下至每个管理层人员的重要工作，也是每个员工必须遵守的最基本的行为规范。管理内部盗窃问题，可以从以下 3 个方面入手。

（1）持续员工教育。防范内部盗窃，应以预防为主，应当持续对员工进行"诚实守信、洁身自好"相关的宣传教育。除了思想层面之外，还应有一些警示性的内容，让每个员工知道盗窃是企业的"高压线"，不能轻易碰触。

（2）建立监督机制。防范内部盗窃除了依靠企业的保卫人员外，还要依靠内部员工之间的相互监督及防盗监控设备的支持。企业可以设立举报制度，举报查证属实的，按照盗窃金额给举报者一定的物质或精神奖励，以调动员工举报的积极性、鼓励员工检举偷盗行为。

（3）加强惩罚力度。企业规章制度可以规定所有员工若进行内盗，不论其盗窃理由和盗窃金额多少，都属于严重违纪行为，一经发现，企业可以立即与其解除劳动关系，并且不需要向其支付经济补偿。同时，员工要对给企业造成的损失进行赔偿。情节严重的，直接移交司法机关处理。

当企业发生盗窃事件后，可以按照如下流程进行处理。

（1）应在发现盗窃事件后的第一时间报案。

（2）在执法人员到达现场前，保护好现场，不要移动或触碰现场的物品。

（3）立即通知相关部门，调取并查看事件发生时的现场监控录像。

（4）对一些可能会随时间推移而消失的证据，通过拍照或摄影记录现场情况。

（5）在执法人员到场后，积极引导和配合执法人员查看盗窃现场的情况。

（6）寻找盗窃事件的可能相关人员，协助执法人员录取口供，并对可疑人员进行深入调查。

（7）查找企业自身的管理漏洞，马上修正，防止类似事件再次发生。

（8）对企业内部相关的防盗责任人进行问责。

8.3　保卫管理

保卫维护着企业正常的治安秩序，保障着企业的物资财产安全，控制着出入企业的人员及车辆，同时避免闲杂人等进入企业。做好保卫的管理，就是管理好企业的入口、出口、日常安全和夜间安全，能帮助企业的安全管理起到应有的效果。

8.3.1　保卫工作职责

一般企业的保卫主要负责企业的快递、报纸、杂志、文件资料等的收发、登记、保管，夜间的巡逻检查，以及企业内外监控的运行管理等工作。

保卫对内的联络，主要包括对企业内员工出入进行管理，向本企业员工确认外部来访人员情况，以及报纸、杂志等的收发；保卫对外的联络，主要包括知悉外部来访人员信息，并要求其登记，从快递人员处接收报纸、杂志等。

保卫岗位的主要职责包括以下内容。

1. 对进出企业的人员进行监控

（1）根据企业规章制度，监督企业员工进入时是否佩戴上岗证。

（2）对上班时间出入企业的员工进行管控，上班时间严禁员工随意外出。

（3）根据企业规章制度，监督员工外出时是否携带企业财产。

（4）对外部来访人员进行管控，要求所有外部来访人员进行登记，并在向被访问员工进行确认后才可放行。

（5）严禁闲杂人员进出企业。

2. 对进出企业的车辆、物品进行监控

（1）对进出企业的车辆进行检查，确保进出车辆符合企业的相关规定。

（2）对企业物品的出门进行严格检查，严禁不符合出门手续的物品出门。

3. 负责企业内外监控的运行管理及正常秩序的维护

（1）按规定在晚间对企业内外部进行巡查，防止突发安全事故；对针对企业的偷盗行为进行制止，及时报警并向上级领导反映。

（2）对企业内部发生的冲突、争端、打架斗殴等事件进行制止，并及时上报领导。

（3）负责企业内外监控的日常运行管理，定期检查，日常巡查中发现安全隐患、监控设备运行异常等情况应及时上报相关领导，并跟踪处理进度；遇火灾、爆炸等各类紧急、重大突发安全状况时应及时联系公安、消防等相关部门。

4. 做好快递、报纸、杂志、文件资料的收发登记工作，并及时通知有关部门和人员

（1）对进入企业的快递、报纸、杂志、文件资料等进行登记。

（2）及时通知有关部门和人员领取登记后的快递、报纸、杂志、文件资料，做到当天送达的当天发放，并做好领取发放记录。

（3）下班前如未发放完毕的，应妥善保管，不得丢失，不得私自拆封，于次日上班后及时通知有关部门和人员领取。

5. 执行制度及做好日常自我约束

（1）遵守企业规章制度，按时上下班，不迟到、不早退。

（2）行为端庄，服装整洁，接待来访客人有礼有节，维护企业形象，不随意诋毁企业。

（3）24小时无脱岗现象，上班时间不睡觉。

（4）保持保卫室内整洁、肃静、物品放置有序，拒绝闲杂人等在保卫室逗留、聊天。

（5）严禁酒后上班或在岗饮酒。

（6）做好自我约束，绝不伙同员工私拿公物、损害企业利益，针对员工的类似行为，应及时上报处理。

（7）洁身自好，绝不监守自盗。

（8）做好交接班记录。

6. 完成上级领导交代的其他工作

保卫岗位的工作时间一般是白班、夜班两班倒；工作地点一般在保卫室、岗亭、厂区；工作环境一般对健康无影响。保卫岗位的任职要求一般包括以下几点。

（1）教育背景：高中以上学历。

（2）从业经验：0～3年。

（3）知识结构：安全相关知识。

（4）工作能力：具有良好的语言表达能力、协调能力和应变能力，能够较好地与人沟通，具有较强的责任心，掌握基本法律知识及与保卫相关的政策规定。

（5）部分企业对身高、体重、年龄等有要求。

8.3.2 保卫考核标准

为了保证保卫履行岗位职责，提高保卫的工作能力，强化企业对保卫的管理，企业可以对保卫进行考核。考核的结果可以与保卫的工资挂钩。对保卫的考核可以按照月度进行关键指标考核，也可以对日常工作中的加减分项目进行考核。

如果进行月度关键指标考核，关键业绩指标可以包括以下几点。

（1）企业发生物资财产被盗事件的次数。

（2）闲杂人等进入企业的次数，睡觉、脱岗的次数。

（3）安全隐患、事件上报的及时性。

（4）监控设备设施的完整、有效性。

如果对日常工作中的加减分项目进行考核，可以结合本企业保卫工作的特点、任务、职责来制定保卫日常工作考核标准，如表8-2所示。

表 8-2 保卫日常工作考核标准（样表）

	考核内容	增减分标准	备注
加分项	日常工作表现突出，提供优质服务，受到有关领导表扬	1分	
	对应急情况处理得当，为企业挽回经济损失	1～10分	
	敢于同坏人坏事做斗争，防止和制止恶性事件发生	1～10分	
减分项	不按规定时间上下班，迟到或早退	1分	
	不请假、无故旷工	3分	3次以上辞退
	在岗时形象不佳，不按规定着装，保卫服与便服混穿	1分	
	值班时执勤室内务不整洁，物品不按要求摆放	1分	
	不使用文明、规定用语	1分	
	当班中不请示就随意脱岗	3分	
	交接班时物品交接不清楚、记录不规范、卫生不整洁	1分	
	夜间执勤过程中不按规定时间、次数巡逻，巡逻时间、次数与巡视记录等不符	1分	
	带酒气上岗、睡觉	1分	
	当班中饮酒	2分	
	对于在岗时发生的情况，未及时处理或上报	1分	
	在工作中相互之间不协调，不支持，对工作造成不良影响	1分	
	在工作中不服从领导、不服从分配，无理取闹，影响正常工作的开展	2分	严重者辞退
	制度执行力度差	1分	
	没有对进出企业的车辆严格进行检查，且没有认真核对物资出门手续	2分	
	快递、报纸、杂志的签收和发放工作都没有严格履行登记手续，出现丢失或调包等影响正常工作的现象	2分	
	监控设备运行异常、出现安全隐患没有及时上报	1分	

　　对保卫的管理和考核，应结合企业对保卫岗位职责的规定及保卫工作相关的管理制度来进行。考核人应当是行政管理部内对保卫进行统一管理的人员。行政管理人员应当对考核的过程实施监督。

对保卫的考核可以实行基础分加减制度，每人每月原始的基础分为 100 分。考核人员根据考核方式做加减分的记录，月底汇总考核分数，并依据考核分数发放保卫的工资。

8.3.3　保卫工资制度

为了让保卫的工资计算更简单直观，保卫的工资一般可以采取日工资制度。对超过工时制度规定的工作时间，应视为加班，可以按照日工资制度计算加班工资。

根据进入企业的时间、工作表现和工作能力的不同，保卫岗位可以被分成不同级别，不同级别对应着不同的级别工资。保卫工资级别如表 8-3 所示。

表 8-3　保卫工资级别（样表）

级别	日工资标准（元）	参考工作年限	参考晋升标准
试用期	100	1 ～ 3 个月	试用期表现符合录用条件
1	110	3 ～ 12 个月	1 年内表现优秀
2	120	1 ～ 2 年	工作态度端正，工作能力较强，工作表现优秀，且无任何违规违纪情况
3	130	2 ～ 3 年	
4	140	3 ～ 4 年	
5	150	4 ～ 5 年	
6	160	5 ～ 6 年	
7	170	6 ～ 7 年	
8	180	7 ～ 8 年	
9	190	8 ～ 9 年	
10	200	9 年以上	

为了鼓励保卫出勤，企业可以设置满勤奖。例如，企业可以规定满勤奖为 300 元 / 月，满勤天数按照不同月份的标准工作天数界定。如果保卫出满勤，则全额发放满勤奖；如果有一次或超过一次未出勤，则不发放满勤奖。

结合每月考核的结果，保卫月工资的计算公式如下。

月工资 = 日工资标准 × 出勤天数 × 个人考核得分换算的百分比 + 满勤奖。

8.4 保密和信息安全管理

企业的秘密关系着企业的权利和权益。为了保守企业的秘密、维护企业的合法权益不受侵犯、保证企业的正常经营管理秩序，行政管理部要注意企业数据信息的安全管理，防止出现商业秘密泄露的情况。

8.4.1 保密信息分类管理

并非所有的企业信息都应纳入保密的范围，例如，企业的一般性决定、一般性决策、通告、规章制度、行政文书等文件，都不属于保密范围。而且有时候，这些信息不仅不应该保密，还应该想方设法地传播。

企业的保密信息一般包括以下事项。

（1）重大决策中的秘密事项。包括内部掌握的合同、协议、意向书、可行性报告、重要会议记录；还包括尚未付诸实施的经营战略、经营方向、经营规划、经营项目及经营决策。

（2）依法制定的各种内部掌控的管理制度、管理策略、营销计划、货源情报、产销策略、采购资料、定价政策、管理诀窍、投资计划方案、发展规划、公司档案等。

（3）客户信息、供应商信息、订单资料、售货记录、营销计划、样品、谈判底价、市场分析资料、供销货源（资源）情报、招投标文件、有关的协议、账册、单据。

（4）产品生产制造技术信息，包括产品制作方法、技术、工艺、数据、程序、设计，以及生产经营计划、质量体系文件。

（5）财务账目（账簿、账册、原始凭证、银行信息等），财务数据、文件、记录，业务函电及各类财务报表、统计报表。

（6）企业所掌握的尚未进入市场或尚未公开的各类信息。不能从公开渠道直接获取的其他技术信息和经营信息。

（7）企业合法获悉且承诺保守其秘密的、属于与企业具有相关联系的第三方的商业秘密。

（8）企业员工的人事档案、个人信息、薪资待遇、劳务性收入及其他信息资料。

企业的保密信息一般可以分为绝密、机密和秘密3个等级。

（1）绝密是最主要的企业秘密，一旦泄露会对企业的权益造成特别严重的损害。

（2）机密是主要的企业秘密，一旦泄露会对企业的权益造成严重的损害。

（3）秘密是一般的企业秘密，一旦泄露会对企业的权益造成一定的损害。

企业应当根据秘密信息的种类划分保密的等级，不同秘密等级的文件，应采取不同的保密策略。一般来说，等级越高的秘密，越应当严格控制知悉信息的人群范围。不同的秘密等级，对应着不同的保密期限。

举例

某上市公司对内部信息重要等级的分类如表8-4所示。

表8-4　某上市公司内部信息重要等级分类

分类	定义	技术类内容	非技术类内容	主要涉及部门
A类（核心）	掌握公司最重要的机密，关系公司未来发展的前途命运，对公司的根本利益有着决定性影响。一旦泄露该秘密会对公司权益造成特别严重的损害	关系公司或股东权益、对公司发展起决定性作用的核心技术、经营和决策文件资料。包括但不限于公司专有的技术、配方、工艺、设计等	最核心客户的信息，与战略合作伙伴的重要合同，与战略相关的项目信息，公司未公开的商业模式、发展方向、战略规划	总经办、技术部、工艺部、生产部、销售部
B类（重要）	掌握公司的机密信息，一旦泄露会使公司或股东的权益遭受到严重的损害	对公司或股东的权利和利益有较大影响的技术、经营和决策文件资料。包括但不限于公司专有的技术、配方、工艺、设计等	销售价格、销售策略、客户信息、销售渠道信息；各类销售合同、采购合同、协议；采购价格、供应商信息、进货渠道；产品质量情况和公司经营情况；财务报表、统计资料、计算成本的方式和公式；人事档案信息、薪酬体系、绩效分配方案；各类尚未公开的重要信息等	技术部、工艺部、生产部、销售部、采购部、质量部、财务部、人力部、董事长办公室、审计部

续表

分类	定义	技术类内容	非技术类内容	主要涉及部门
C类 （一般）	掌握公司的一般性秘密信息，泄露会使公司或股东权益遭受到损害	对公司或股东的权益有影响的技术、经营和决策文件资料。包括但不限于公司专有的技术、配方、工艺、设计等	重要会议记录； 核心业务和管理流程； 信息系统、信息安全资料； 尚未公开或不宜公开的往来文书、合同、协议	总经办、行政管理部、信息部

8.4.2 保密管理的措施

防患于未然，做好预防工作，好于出现问题之后问责。保密工作的成果如何取决于企业采取的一系列工作的质量，企业可以采取的保密管理的措施如下。

1. 文件的保密措施

属于企业秘密的文件、资料和其他物品的制作、收发、传递、使用、复制、摘抄、保存和销毁，由专人执行；采用计算机技术存取、处理、传递的企业秘密由计算机使用者负责保密。对于秘密的文件资料非经授权批准，不得复制和摘抄；收发、传递和外出携带，由专人负责并采取必要的安全措施；保密文件应在完善的保险设备中保存。

2. 会议的保密措施

具有属于企业秘密内容的会议和其他活动，应选择具备保密条件的会议场所；根据工作需要，限定参加会议的人员范围；依照保密规定使用会议设备、管理会议文件；确定会议内容是否传达及传达的范围。

3. 设备的保密措施

属于企业秘密的设备，应当由企业指定的专门部门负责，并采取相应的保密措施。其他人要接触保密设备前，必须经授权批准；使用前必须备案，记录清楚使用时间和使用内容。

4. 信息传递的保密措施

当企业需要对外提供保密信息时，必须经过授权批准（最好是最高管理层批准）。员工不得在私人通信中泄露企业的秘密，不得在公共场所谈论企业秘密，不得通过其他方式私自传递企业秘密。

当发现企业秘密被泄露时，应当按照如下步骤采取措施。

（1）立即尝试补救或挽回损失，通知相关的责任人和领导。

（2）立即调查泄密原因，采取保护措施，防止类似情况再次发生。

（3）找到相关责任人，实施问责。

对于保密工作，企业应当有相应的奖罚措施。对保护企业秘密以及在改进保密技术、措施等方面成绩显著的部门或员工进行正激励；对违反企业的保密要求、有泄露企业秘密行为的员工实施负激励。

企业在实施保密管理的时候要特别注意，不能盲目强调保密，而牺牲了正常的运营效率；不能为了追求保密，而造成内部矛盾。企业实施保密工作的时候，要达到既能实现保密管理，又能实现高效工作的目标。

8.4.3　网络数据信息安全

随着互联网技术的发展，信息传输越来越容易，这让企业发生数据信息泄露、计算机感染病毒、遭受黑客攻击等情况的可能性越来越大。企业应特别关注自身的网络数据信息安全。在网络数据信息安全管理方面，要做好如下工作。

1.数据信息备份

（1）所有办公计算机必须安装正版的操作系统、杀毒软件和办公软件，操作系统、杀毒软件和办公软件必须定期更新，保持在最新版本。

（2）不同岗位的员工应当只能接触到岗位需要的数据信息，与岗位无关的数据信息不应接收到，也不应当能够轻易看到。

（3）员工应当养成定期备份重要文件的习惯，不要只把数据信息存放在单一的设备中，应在多个设备中做多组备份。

（4）对于企业的重要数据，应当由专人负责定期备份，并将备份信息保存在多种存储设备中。企业服务器中的数据，应由专人负责定期备份。

2.网络办公安全

（1）企业要指定网络责任人，网络责任人对企业的网络安全负主要责任，具有网络安全的最高权限，负责统筹管理和监控网络安全。

（2）网络责任人应定期对企业网络中的办公计算机和服务器进行杀毒、升级系统、升级软件、清理垃圾文件，以保证系统内计算机的网络安全。

（3）员工是办公网络使用的第一责任人，要注意杀毒软件的安装、升级等网络安全工作，禁止私自安装和卸载软件。

（4）员工未经授权，不得将涉密的数据信息传导到公共网络中或通过企业内部网络传给其他员工。

（5）员工在上班时间不得做与工作无关的事，不得浏览与工作无关的网页，不得接受、下载或发送与工作无关的文件。

（6）如果企业条件允许，应当设置内外部网络的监控系统，监督员工的网络使用情况。可以统一安装 U 盘控制软件, 防止员工随意备份电脑中的文件。

3. 硬件使用安全

（1）企业要指定硬件责任人, 硬件责任人对企业的硬件安全负主要责任, 负责统筹和管理企业所有的硬件设备。

（2）所有的办公设备、服务器、存储设备等要进行编号, 并应有相应的责任人。员工是其所使用办公设备的第一责任人。

（3）未经许可, 硬件设备不得给其他岗位的员工使用, 更不得随意给外部人员使用。

（4）员工不得私自拆装、更换硬件设备。

（5）硬件出现故障时, 应当第一时间通知硬件责任人, 员工不得自行修理, 也不得擅自交给外部机构修理。

（6）如果员工保管使用的硬件丢失, 应第一时间通知硬件责任人, 在必要情况下应向公安部门报案。

8.4.4 保密与竞业限制协议

接触企业关键数据和信息的岗位人员有保守企业秘密的义务。企业可以和员工签订书面的保密协议或竞业限制协议, 把保密协议和竞业限制协议作为劳动合同的补充条款。

《中华人民共和国劳动合同法》（自 2013 年 7 月 1 日起施行）的相关规定如下。

第二十三条　用人单位与劳动者可以在劳动合同中约定保守用人单位的商业秘密和与知识产权相关的保密事项。

对负有保密义务的劳动者, 用人单位可以在劳动合同或者保密协议中与劳动者约定竞业限制条款, 并约定在解除或者终止劳动合同后, 在竞业限制期限内按月给予劳动者经济补偿。劳动者违反竞业限制约定的, 应当按照约定向用人单位支付违约金。

第二十四条　竞业限制的人员限于用人单位的高级管理人员、高级技术人员和其他负有保密义务的人员。竞业限制的范围、地域、期限由用人单位与劳动者约定, 竞业限制的约定不得违反法律、法规的规定。

企业在制定保密协议或竞业限制协议的时候, 必须本着公平原则和平等原则, 让劳资双方的权利义务对等, 才能使协议具备法律效力。行政管理部在进行保密与竞业限制协议签署的时候, 要注意以下事项。

1. 界定保密人员范围

不同的企业持有的商业秘密是不同的, 保密人员的范围也是不同的。即使是同一个企业，在不同的时期，因为商业秘密不同，保密人员的范围也是不同的。对于一些既可以说是企业的无形资产，又可以说是员工个人劳动成果的事项，企业要做出定义。例如，技术人员的发明专利、设计人员的创意设计、IT（information technology，信息技术）部门的编程开发技术等。

对于企业内部人员来说，保密人员的范围不仅包括产生商业秘密的岗位，还包括能够直接或间接接触到这些商业秘密的岗位；对于企业外部人员来说，保密人员的范围不仅包括员工本人，还可以包括员工的家属。当然，对企业外部人员保密的约束的一般形式是和企业内部人员签署保密协议或竞业限制协议，但与该员工相关的企业外部人员泄密，同样是该员工的责任。

2. 界定保密时间期限

虽然根据劳动相关的法律法规，保守企业商业秘密的义务不因双方劳动合同的解除、终止而免除，但商业秘密是有时间期限的。商业秘密可能会随着时间的推移，出现过期、公开或被淘汰的情况，也就是失去商业秘密的属性。企业不能无限期要求员工保守曾经的商业秘密。

竞业限制是有时间期限的，《中华人民共和国劳动合同法》（自2013年7月1日起施行）第二十四条的规定如下。

在解除或者终止劳动合同后，前款规定的人员到与本单位生产或者经营同类产品、从事同类业务的有竞争关系的其他用人单位，或者自己开业生产或者经营同类产品、从事同类业务的竞业限制期限，不得超过二年。

3. 界定保密方式要求

企业要明确保密人员在什么情况下使用保密信息是合约的，在什么情况下使用保密信息是违约的；要明确保密人员应当如何使用保密信息；明确保密人员采取什么样的方式使用保密信息将会是违约的。

4. 界定权利义务关系

企业和员工作为保密双方，权利义务的关系是对等的，企业不能一味要求员工必须承担保密的义务，却不让员工享受对等的权利。例如，企业要求员工承担竞业限制协议中的义务，就必须支付员工一定的竞业限制补偿。

【实战案例】某上市公司消防安全责任书

某大型零售连锁上市公司为明确部门管理者的消防安全责任，增强管理者的消防安全意识，要求全体管理人员签订消防安全责任书。消防安全责任书的内容如下。

根据 "安全工作抓预防" 的指示精神，为更好地落实消防安全工作，确保我单位不发生火灾等安全事故，我单位（个人）郑重承诺，保证做到以下 "消防安全 9 条"。

1. 保证消防安全出口、疏散通道畅通，在生产、营业时间内，不占用、封堵疏散通道，不锁闭消防安全出口。

2. 保证消防安全疏散指示标志、火灾事故应急照明设备摆放到位，完好有效。

3. 保证常闭式防火门时刻保持关闭状态，防火卷帘下和消防器材周边不堆放任何物品。

4. 保证对楼上住宿人员消防安全管理到位，指定专人负责消防安全并设置两个或两个以上的疏散通道或安全出口。

5. 保证在门和窗上不设置可能影响安全疏散的障碍物。

6. 保证不在车间、仓库及门店卖场容留人员住宿。

7. 保证室内外消火栓水压充实，附件完整、好用，保证灭火器数量充足、完好有效并有专人管理。

8. 保证按照规定要求铺设电气线路，不乱拉乱接电线，不超负荷用电。

9. 保证不违章储存和使用汽油、酒精、煤油等易燃易爆化学物品。

我单位（个人）保证按照以上要求，逐条进行对照检查和落实，及时发现和整改消除火灾安全隐患，坚决杜绝各类火灾、消防安全责任事故的发生。如果因为我单位（个人）日常工作的疏忽发生火灾并造成损失，我单位（个人）愿意承担相应的经济损失及法律责任。

【实战案例】某上市公司保卫管理制度

以下内容为某大型生产制造业上市公司的保卫管理制度。

为确保公司的生产安全，有效控制外来车辆及人员进入公司，特制定本保卫管理制度。

1. 保卫人员要忠于职守，使用文明用语，礼貌待人，不借故刁难，不以权谋私。

2. 保持保卫室内外清洁，并做好每天的工作情况记录和交接班记录。

3. 严格执行公司员工、外来人员及车辆进出登记制度，坚持原则，一视同仁，按制度办事。

4.上下班打卡时间限定半小时内有效。上下班时做好交接班工作，如有特殊情况不能按时上班的应及时请假，以保证工作的衔接。

5.严格执行接待和会客制度，如有外来人员联系工作，待相关负责人批准后方可进入公司。

6.上班时要精力集中，不干私活，不喝酒，不打瞌睡，不参与娱乐活动，更不能把保卫室当作娱乐场所，无关人员不允许在保卫室逗留。

7.外来车辆（厂区送货车辆除外）禁止入内，如有送货车辆入内，需停车登记车牌号及进出时间，经检查后方可出厂。其他车辆由保卫指挥停放在指定位置，并做好车辆的记录，特殊情况除外。

8.下班时间注意可疑人员，特别是下班以后进出的人员，应及时对其进行查问，对非厂区人员携带大件、大宗物品出门时，需报告领导，待领导同意后方可放行。

9.夜间必须加强巡查，每两小时巡查一次，发现一次漏查则罚当日工资，依此类推。厂区内如有水、电、门窗、消防设施等未关闭或不安全的情况，应及时采取补救措施并报告相关负责人。对于因失职给公司造成的损失，由当天值班人员根据责任大小赔偿。

10.熟悉厂区治安环境情况，熟练掌握治安、消防的报警电话和消防设备的使用。

11.快递、报纸、杂志的签收与发放：收到文件、资料、货物等快递物品和报纸、杂志时，要立即登记；登记后要及时电话通知收件人自行到保卫处领取，并让领取人在签收登记表上签字确认（代领人签本人姓名），以备查验核对；如因他人代领造成快递、报纸、杂志丢失或调包等后果，由代领人负责。

12.负责公司内外监控的日常运行管理，定期检查，发现有安全隐患或监控异常等情况应及时上报相关领导，遇火灾、爆炸等紧急、重大情况要及时联系公安、消防等相关部门。

【实战案例】某上市公司信息与数据安全保密协议

某大型零售连锁上市公司为保证自身的信息与数据安全，避免商业秘密流失，让员工重视信息和数据安全，具有保密意识，特制定此安全协议，要求所有接触信息和数据的关键岗位人员必须签订此安全协议。《信息与数据安全保密协议》内容如下。

信息与数据安全保密协议

甲方（公司）：

乙方（员工）：

证件类型：　　　　　　　　　　　证件号码：

鉴于：

1. 乙方已于＿＿＿＿年＿＿月＿＿日与甲方签订劳动合同，乙方在担任甲方＿＿＿＿＿＿＿＿＿工作期间，将可能知悉或使用甲方的商业秘密，也可能因履行职务而产生的发明创造、产品配方、信息系统或其他商业秘密信息。

2. 乙方充分意识到甲方的商业秘密，包括乙方因履行职务而产生的知识产权等均属甲方，该商业秘密的对外泄露、被第三人非法使用等将造成甲方重大经济损失或影响甲方正常的经营活动。

3. 乙方在甲方任职期间，将获得甲方支付的相应报酬，乙方有义务保守甲方的商业秘密。经友好协商，甲乙双方就乙方在任职期间及离职以后保守商业秘密的有关事项，签署下列条款，以资共同遵守。

第一章　商业秘密的范围

第一条　甲方的商业秘密，包括甲方原有的商业秘密及乙方因履行职务而产生的发明创造、产品配方、信息系统或其他商业秘密信息。

第二条　本协议中规定的甲方商业秘密主要指以下内容。

1. 经营信息：包括但不限于经营战略、经营计划、收购兼并计划、采购资料、定价政策、财务报表、经营统计报表、年度预算、投资计划、进货渠道、供应商名单、招投标的标底及标书内容、供应商合同、租金信息、薪酬信息、商品信息、价格信息、进销存数据、全部公文及邮件内容等。

2. 技术信息：包括但不限于技术方案、工程设计、产品配方、工艺流程、技术指标、计算机软件、研究开发记录、分析报告、检测报告、工程图纸、样品、操作手册、技术文档、相关的函电及邮件等。

第三条　上述经营和技术信息，无论甲方是否采取保密措施，均不影响其商业秘密的构成。

第二章　商业秘密的归属

第四条　甲方原有的商业秘密属甲方财产。

第五条　乙方在甲方任职期间，因履行职务或者利用甲方的物质技术条件、业务信息等产生的发明创造、产品配方、信息系统或其他商业秘密信息，有关的知识产权均属于甲方。甲方可以在其业务范围内充分自由地利用这些发明创造、产品配方、信息系统或其他商业秘密信息进行生产、经营。乙方应当依甲方的要求，提供一切必要的信息和采取一切必要的行动。

第六条　乙方在甲方任职期间所完成的与甲方业务相关的发明创造、产品配方、信息系统或其他商业秘密信息，乙方不得主张由其本人享有知识产权，有关的知识产权均属于甲方享有。

第三章　任职期间的保密

第七条　乙方在甲方任职期间，必须遵守甲方规定的任何成文或不成文的保密规章制度，履行与其工作岗位相关的保密职责。

第八条　甲方的保密规章制度没有规定或者规定不明确之处，乙方亦应本着谨慎、诚实的态度，采取必要、合理的措施，维护其于任职期间知悉或持有的任何属于甲方或者虽属于第三方但甲方承诺有保密义务的商业秘密，以保持其机密性。

第九条　除了履行职务的需要之外，乙方承诺，未经甲方同意，不得以泄露、告知、公布、发布、出版、传授、转让或其他任何方式使任何第三方（包括按照保密制度的规定不得知悉该项秘密的甲方其他职员）知悉属于甲方或者虽属于第三方但甲方承诺有保密义务的商业秘密，也不得在履行职务之外使用这些商业秘密。

第十条　乙方的上级主管人员同意乙方披露、使用有关的商业秘密的，视为甲方已同意这样做，除非甲方已事先公开明确表示，该主管人员无此权限。

第十一条　乙方因职务需要所持有或保管的一切记录着甲方秘密信息的文件、资料、图表、笔记、报告、信件、传真、U盘、仪器以及其他任何形式的载体，均归甲方所有，无论这些秘密信息有无商业上的价值。

第十二条　若记录着秘密信息的载体是由乙方自备的，则视为乙方已同意将这些载体物的所有权转让给甲方。甲方应当在乙方返还这些载体时，给予乙方相当于载体本身价值的经济补偿。

第十三条　乙方承诺，在为甲方履行职务时，不得擅自使用任何属于他人的技术秘密或其他商业秘密信息，亦不得擅自做出可能侵犯他人知识产权的行为。

若乙方违反上述承诺而导致甲方遭受第三方的侵权指控时，乙方应当承担甲方为应诉而支付的一切费用；甲方因此而承担侵权赔偿责任的，有权向乙方追偿。上述应诉费用和侵权赔偿可以从乙方的工资报酬中扣除。

第十四条　乙方在履行职务时，按照甲方的明确要求或者为了完成甲方明确交付的具体工作任务必然导致侵犯他人知识产权的，若甲方遭受第三方的侵权指控，应诉费用和侵权赔偿不得由乙方承担或部分承担。

乙方的上级主管人员提出的要求或交付的工作任务，视为甲方提出的要求或交付的工作任务，除非甲方已事先公开明确表示该主管人员无此权限。

第十五条　乙方承诺，其在甲方任职期间，非经甲方事先同意，不在与甲方生产、经营同类产品或提供同类服务的其他企业、事业单位、社会团体内担任任何职务，包括股东、合伙人、董事、监事、经理、职员、代理人、顾问等，由甲方授权或取得甲方同意的除外。

第四章　办理离职期间的保密

第十六条　乙方应当于离职时或于甲方提出请求时，返还全部属于甲方的财物，包括记载着甲方秘密信息的一切载体。

但当记录着秘密信息的载体是由乙方自备的，且秘密信息可以从载体上消除或复制出来时，可以由甲方将秘密信息复制到甲方享有所有权的其他载体上，并把原载体上的秘密信息消除。此种情况乙方无须将载体返还，甲方也无须给予乙方经济补偿。

第十七条　雇佣合同到期或任意一方提出解除雇佣合同，双方选择按下列规定之一处理保密事务。

1. 在雇佣合同到期前或提出解除雇佣合同后 3 个月，调整乙方工作岗位，变更雇佣合同的内容。

2. 甲乙双方约定的其他竞业限制条款。

第五章　离职后的保密

第十八条　双方同意，乙方离职之后仍对其在甲方任职期间接触、知悉的属于甲方或者虽属于第三方但甲方承诺有保密义务的商业秘密，承担如同任职期间一样的保密义务和不擅自使用有关秘密信息的义务，无论乙方因何种原因离职。

1. 乙方离职后承担保密义务的期限直至甲方宣布解密或秘密信息实际上已经公开。

2.乙方认可甲方在支付乙方的工资报酬时，已考虑了乙方离职后需要承担的保密义务，故而无须在乙方离职时另外支付保密费。

第十九条　按本合同第十八条第二项规定离职的乙方，按照双方约定的条款执行。

第六章　违约责任

第二十条　乙方如违反本合同任一条款，应当一次性向甲方支付违约金，违约金金额相当于乙方＿＿＿个月的月薪。无论违约金给付与否，甲方均有权不经预告立即解除与乙方的聘用关系。

第二十一条　乙方的违约行为给甲方造成损失的，乙方应当赔偿甲方的损失。违约金不能代替赔偿损失，但可以从损失额中抵扣。

第二十二条　因本合同而引起的纠纷，如果协商解决不成，任何一方均有权向甲方注册所在地的劳动仲裁委员会机构提起仲裁。如提起诉讼，双方同意选择甲方注册所在地的人民法院作为双方合同纠纷的管辖法院。

第七章　其他

鉴于乙方受聘用期间职位的特殊性，可能会掌握甲方更多、保密等级更高的商业秘密。无论在甲方受聘用期间或聘用结束后（无论因何原因而结束），无论出自何种原因，乙方到工商、税务、劳动、网络等相关单位或媒体进行所谓的投诉、举报等发泄私愤的行为，均为蓄谋恶意损坏甲方名誉及利益的行为，甲方将依法追究乙方法律责任，由此给甲方造成的一切损失均由乙方自行承担。

第二十三条　本合同自双方签字或盖章完成之日起生效。如与双方以前的口头或书面协议有抵触，以本合同为准。

第二十四条　甲乙双方确认，在签署本合同前已仔细审阅过合同的内容，并完全了解合同各条款的法律含义。

甲方：　　　　　　　　　乙方：

盖章：　　　　　　　　　证件类型/号码：

日期：　　　　　　　　　日期：

第 9 章

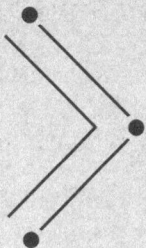

法律事务管理

　　法律事务管理关系到企业的健康稳定发展，具备法律事务管理职能的行政或法务部门肩负着确保企业守法经营、依法维护企业合法权益、处理企业经营过程中发生的各类法律问题的重要责任。

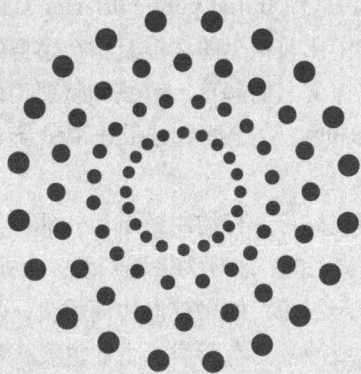

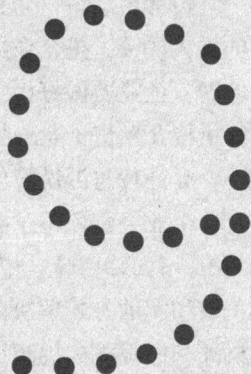

9.1 法律事务管理概述

在规模较大的企业中，如果法律事务较多，可以成立专门的法律事务部门，也可以在行政管理部中设立专人负责法律事务。在中小企业中，如果法律事务相对较少，可以由行政管理部中某个具备法律专业知识的人员兼管法律事务。

9.1.1 法律事务工作范围

企业的法律事务工作涉及的范围比较广泛，不同企业之间的差异较大。一般企业常见的法律事务管理工作内容包括以下事项。

1. 合同管理

企业正常的经营管理离不开合同，合同中约定了企业的合法权益。企业法律事务管理中应当包括对合同的起草、修订和审核。企业的合同管理是平衡企业与合作方之间权利义务关系的重要工作。企业不一定需要一味追求自身权益的最大化，而应当追求双方友好合作、平等互利、实现共赢，追求双方共同权益的最大化。

2. 证照管理

企业经营离不开政府部门的一些许可、限制、登记或备案，例如企业的营业执照登记或变更就是其中一种。对企业各类证照的管理要遵循法律法规的规定，企业除了应保管好所有的证照外，还应在证照到期前及时更新。在各部门申请使用证照时，要走审批程序，并做好登记备案，保证相关领导知悉。

3. 投融资管理

投融资、资产重组或IPO（initial public offering，首次公开募股）是企业的重大决策，是企业经营中比较常见的要涉及法律事务的领域。当涉及这些领域时，企业要做好相关法律文书的起草、审核和整理工作。当有外部专业的法律机构介入与企业一起操作时，企业要做好引导和配合工作。

4. 仲裁与诉讼管理

企业经营免不了会出现纠纷，有的纠纷是与外部合作机构的，表现为经济纠纷；有的纠纷是与内部员工的，表现为劳动纠纷。企业首先应本着友好协商、争取和解的方式解决内外部纠纷，如果难以协商解决，企业可以向相关的司法机关和仲裁机构提起诉讼或仲裁。有时候，企业也要合法合规地妥善处理他人发起的仲裁或诉讼。

5. 知识产权管理

知识产权是在企业经营过程中产生的智力成果，受到法律保护。企业的知识产权保护工作具有一定的法律专业性，应当由负责企业法律事务的相关人员负责。企业对知识产权的管理不仅限于对知识产权的保护，更重要的是通过知识产权管理，增强企业的市场竞争优势，为企业创造效益、为员工兑现激励，激发员工的积极性。

6. 合法合规管理

遵循法律法规是企业的基本责任，然而企业中总有一些管理者或员工因为不了解法律法规或抱有侥幸心理，不按照法律法规运营。这将会给企业造成比较大的合法合规性风险，并可能给企业造成不必要的损失。企业的合法合规管理应当落实到日常的管理工作中，例如在流程设计层面、权限设计层面和员工培训层面都要关注。

7. 破产、清算、重组管理

当企业经营不善，出现资不抵债、缺乏偿债能力的情况时，企业可能会出现破产、清算、重组等情况。这时候法律事务的工作以明确债权人和债务人的关系、准备相关法务文件、协助相关方获取资料为主。

8. 法律风险防控

每个企业都存在或大或小的法律风险，负责法律事务的相关人员要把重点工作放在日常的法律风险防控上，应及时识别、评估、纠正、预防企业各个环节的法律风险，而不是仅仅在法律风险发生时再实施补救。

9.1.2 法律风险防控体系

要想有效地防控法律风险，企业就不能只依靠行政管理部、法务部或专设的法务专员，而应当形成企业的法律风险防控体系，用体系管理企业的法律风险。根据工作定位的不同，常见的企业法律风险防控体系可以分成3层，如图9-1所示。

1. 第1层防控

法律风险防控体系的第1层是执行员工和相关领导在部门内部的防控。这需要部门领导和员工都具备法律意识，严格按照法律法规和企业规定做事。

2. 第2层防控

法律风险防控体系的第2层是企业专门负责法律事务的相关部门或员工对部门内部防控进行的监督、检查、审核、培训等工作。这需要负责法律事务的相关部门或员工尽职尽责，做好法律风险防控的本职工作。

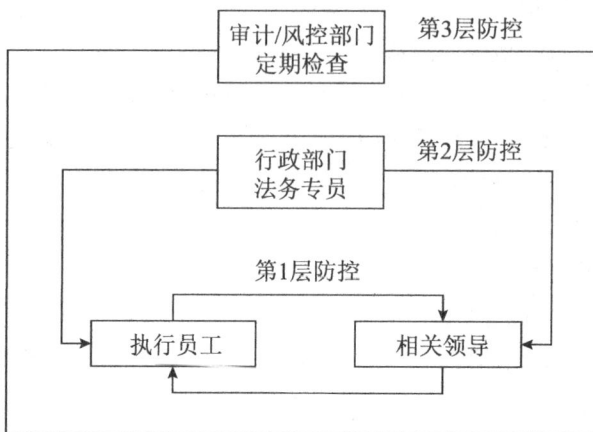

图 9-1　企业的 3 层法律风险防控体系

3. 第 3 层防控

法律风险防控体系的第 3 层是企业的审计、风控等企业层面的监督检查部门对法律风险实施的检查和监控。这需要审计、风控等监督部门要具备法律意识，在监督和检查其他工作的时候，注意对法律风险进行检查。

9.2　经济合同管理

企业的经济合同，指的是企业与外部的供应商、客户、商业机构等在平等互利的情况下，本着友好协商、责权对等的原则，签订的具有经济目的或经济内容的合同。企业对经济合同进行的合理管理能够有效防范与控制风险，并能有效维护企业的合法权益。

9.2.1　经济合同签审

企业的经济合同要经历探讨、起草、定稿和签审 4 个阶段，在每个阶段，合同发起人应当按照企业规定的合同管理流程进行合同签审的推进工作。一般经济合同的签审流程如图 9-2 所示。

企业在实施合同管理的时候，应当设立统一的对外经济合同管理部门（一般为行政管理部），负责协调合同相关的法律咨询、法律事务和日常管理工作。为防范与控制合同风险、有效维护公司的合法权益，企业在进行合同签审前要注意以下事项。

合同探讨阶段	合同起草阶段	合同定稿阶段	合同签审阶段

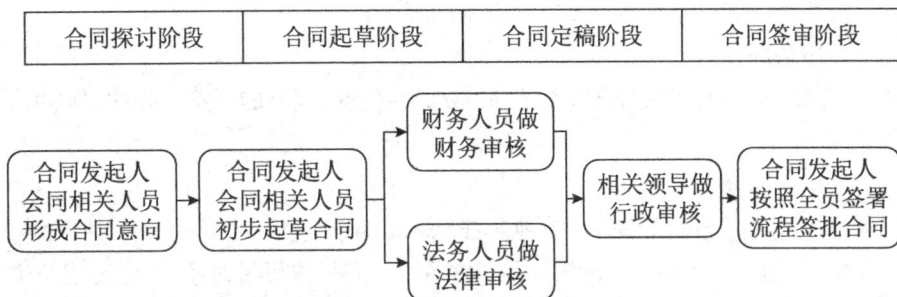

图9-2　一般经济合同的签审流程

1. 合同谈判

合同谈判应由具有合同谈判经验并具有相应技术、经济和法律知识的人员负责；重大或法律关系复杂的合同应由合同主管领导和相关部门联合组成谈判小组。合同谈判小组负责人由企业明确授权。合同发起部门为合同谈判小组牵头部门，负责对谈判要点进行记录，形成谈判会议记录，并由谈判小组成员签字确认。

2. 合同起草

合同起草原则上由合同发起人所在部门的相关人员或企业专有的谈判小组负责，必要时可交由律师根据谈判要点进行起草和修正。合同起草应做到标的明确、平等互利、内容齐全、条款完备、责任明确、风险控制到位。

3. 合同评审

合同发起部门的发起人应当进行合同评审工作。有内网系统的企业可以在内网系统中完成；没有内网系统的企业可以在线下通过纸质单据完成。合同评审的过程中，应当将合同文本、合同对方的资料、招标相关资料整理清楚，必要时还须提供合同签订背景情况的说明。若评审人提出有需要修改的地方，应由合同发起人修改后重新执行修改、复审及完善工作。

4. 合同订立

企业对外签订经济合同，必须由法定代表人或授权代表签署。授权代表必须在授权范围内行使签约权，超越授权权限则对外签约无效。注意，在正式签订经济合同之前，合同发起人必须认真了解对方当事人的情况，包括对方单位是否具有法人资格、是否有经营权、是否有履约能力及其资信情况，对方签约人是否为法定代表人或授权代表及其授权权限。做到既要考虑本方的经济效益，又要考虑对方的条件和实际能力，防止上当受骗，确保所签合同有效、有利。

9.2.2　经济合同内容

企业签订的经济合同一般包括以下内容。

1. 抬头部分

在经济合同的抬头部分，企业应注意写明合同双方的全称、签约时间和签约地点。

2. 正文部分

在经济合同的正文部分，企业应注意以下事项。

（1）标的要明确：标的为产品／物品时，应具体写明牌号、商标、生产厂家、型号、规格、等级、花色、是否为成套产品等。

（2）技术质量要求要具体，有执行标准的要标明标准编号。

（3）数量要明确计量单位、计量方法、合理误差及自然损耗率等。

（4）价款及结算方式、支付期限规定明确。

（5）履行期限、地点、方式中，运输方式及运费由哪一方负责应具体明确。

（6）交（提）货期限、地点及验收方法应明确。

（7）违约责任应当明确、具体、合理、对等，有法定违约金的按规定写明，法律没规定或规定不具体的，应具体写明约定的违约金数额、比例及计算方法。

（8）争议解决方式：一般选择通过诉讼方式解决争议，并应争取选择公司所在地人民法院作为管辖法院。

3. 落款部分

在经济合同的落款部分，企业应注意以下事项。

（1）双方都必须使用合格的印章——公章或合同专用章，不得使用财务章或业务章等不具备法律效力的印章。

（2）注明合同有效期限。

（3）合同抬头、落款、公章载明的当事人的名称、住所应保持一致。

4. 签字盖章

对于定稿的合同，合同发起人可凭合同评审单申请法定代表人或授权代表签署，合同签署人不能空白；同时，发起人应持合同评审单到档案室申请加盖合同专用章，合同评审单作为合同附件一起存档。

合同盖章原则上有如下要求。

（1）对于对方先盖章的业务合同，经办人员应当持对方盖章的合同原件履行企业方签字盖章程序，由企业方留存原件并直接存档。

特殊情况下，需要企业方在对方盖章的合同复印件、传真件或电子邮件打印件等非原件上加盖企业方印章时，需要该业务的分管领导签字确认并在两周内取得对方盖章的合同原件，并由企业方重新盖章后存档。

（2）对于需企业方先盖章的业务合同，相关业务部门和经办人员必须在一个月内收回对方签章的合同原件。如果两个月内仍没有追回或上交对方签章的合同原件，企业应暂停为经办人员办理新的盖章业务，并对经办人员及其他相关负责人实施负激励。

5. 外部手续

法律法规规定需经专门机关批准的合同，合同签订后应由合同发起部门办理审批手续；凡国家规定需经有关部门登记或备案的合同，必须向规定的部门申请登记或备案；凡按有关规定必须鉴证的合同，必须申请鉴证；法律规定或合同约定需进行公证的合同必须进行公证。

9.2.3 经济合同履行

企业在经济合同的履行阶段需要注意以下事项。

1. 合同履行阶段

（1）合同发起部门负责组织、协调合同规定的企业义务的全面履行，督促、检查、验收、确认合同对方义务的履行。合同发起人应关注合同的履行情况，并将情况阶段性记录下来，定期及时逐级上报。

（2）合同签订后，合同发起部门应在两日内将合同义本复印件送达与履行合同有关的部门并将合同义务分解落实。

（3）对应验收的标的物，应由有关部门验收后签署验收证明。对验收不合格或与合同规定不符的标的物，应由合同发起部门即日提出书面意见，按国家规定或合同约定的时间向对方提出异议，并尽快采取适当措施解决。

（4）凡不按合同规定的结算方式办理收款和支付手续的，财务部有权拒绝办理。财务部负责人应随时督促合同发起部门进行结算，保障合同双方如约履行合同。

（5）合同发起部门应定期对到期合同的履行情况进行检查。对于问题较大的合同，应书面上报企业相关领导。

2. 合同的变更或解除

（1）合同虽已签订，但如果企业方有任何员工发现其有显失公平、重大误解的情况或对方有欺诈行为，严重损害企业利益，合同发起部门应及时与对方协商变更或解除合同，并以书面报告形式逐级审批汇报，申请采取合法有效的措施，制止危害行为的发生。必要时，行政管理部可请求仲裁机构或人民法院予以变更或撤销。

（2）工程类合同在执行过程中如果遇到要修改的情况，合同发起部门应根据明确的修改图纸计算变更工程量；如无明确图纸须进行现场丈量确认，同时绘制图纸或拍照录像，以保存第一手原始资料。

（3）对于经双方协商变更、解除的合同内容，应签订书面协议，签订的补充协议依本制度的规定按正常合同办理手续，作为原合同的附件进行管理。

3.总结评价阶段

合同发起部门要定期对重大合同的履行情况进行总结，分析执行情况，评价合同中合作伙伴的情况，总结经验教训。对于发现企业合同管理过程中有问题的环节，应及时提报到企业的行政管理部。行政管理部视情况修改企业整体的合同管理流程。

9.2.4　经济合同纠纷

经济合同中有违约的一方，必须依法承担违约责任。

（1）如果经济合同的对方违约，企业要按合同规定索取违约金，如造成经济损失，企业还应向对方索取赔偿。

（2）如果是企业方违约或给对方造成经济损失的，应由合同发起部门查清原因，以书面报告形式逐级审批后，按规定给予对方违约金和赔偿。

发生合同纠纷后，合同发起部门应首先及时与对方协商解决。

（1）如果是因对方责任引起的纠纷，应坚持原则，保障企业合法权益不受侵犯。

（2）如果是因企业责任引起的纠纷，应尊重对方的合法权益，主动承担责任，并尽量采取补救措施，减少企业的损失。

（3）如果是因双方责任引起的纠纷，应实事求是、分清主次、合情合理解决。

当双方经协商达成一致意见时，应签订书面补充协议。签订的补充协议依企业规定按正常合同办理相关手续，并作为原合同的附件进行管理。

当发生经济合同纠纷且协商不成时，合同发起部门应于3个工作日内向行政管理部反映情况，并在法定代表人的授权下配合律师向有管辖权的仲裁机构申请仲裁或向法院起诉。

为保障企业对外发布消息的口径统一，一般来说，企业的行政管理部（或专门的法律事务部门）是企业统一对外处理经济合同纠纷的部门，其他任何部门不得私自对外委托有关部门或由部门内员工出面处理经济合同纠纷。

9.3　内部法律事务

企业内部的法律事务管理主要是企业对内部员工实施的法律相关事务管理。企业对内的法律事务管理影响着企业的发展与稳定，最常见的内部法律事务包括知识产权管理、员工违纪处理和劳动争议处理。

9.3.1　知识产权管理

企业对知识产权的管理是企业管理中具有战略意义的基础管理环节，它能够帮助企业鼓励内部员工创新，促进企业取得知识产权成果，增强企业的市场竞争力，从而稳定地为企业创造价值。

广义的知识产权包括著作权、邻接权、商标权、商业秘密权、产地标记权、专利权、集成电路布图设计权等各种权利；狭义的知识产权包括著作权（含邻接权）、专利权、商标权 3 个主要部分。企业管理实务中经常提到的知识产权管理，一般指的是对狭义的知识产权的管理。

企业要遵循国家知识产权法律法规的相关规定，制定符合企业实际情况的知识产权管理制度，积极促进企业知识产权的开发、使用和效益转化，推动企业的技术进步。企业对知识产权的管理，主要包括以下 3 个方面。

1. 开发管理

企业应当从鼓励发明创造的目的出发，设计激励机制，促进知识产权开发。为此，企业可以强化对相关知识产权的培训，增强员工知识产权开发的意识和能力。在员工形成知识产权作品后，应要求员工及时上报。

企业必须提前定义员工知识产权的归属，并将规则落实到制度层面，以免引发争议。一般来说，员工基于企业和岗位资源，因工作原因而产生的知识产权应当归企业所有，或者归企业和员工共同所有。

在员工形成知识产权作品后，企业要第一时间发现并做好知识产权的统计和登记工作，及时掌握知识产权的变动情况。对于知识产权所有人为企业的，企业应当采取比较直接的管理方式，对知识产权的凭证进行统一保存；对知识产权所有人为企业和员工的，企业应当实施定期监督。

2. 使用管理

知识产权的正确运用能够为企业创造价值，企业应对知识产权的使用过程进行管理。为了促进知识产权的应用，企业要注意把对员工知识产权的奖励重点放在应用方面，而不是放在开发方面。

对于企业来说，虽然知识产权的开发很重要，但如果员工一味追求知识产权的数量，为了开发而开发，而没有把开发知识产权的目的落在应用上，没有通过开发知识产权为企业创造价值，那企业的知识产权管理就是失败的。

对于归属企业的所有知识产权，企业应当根据情况对知识产权进行使用、转让、拍卖、终止。但对于企业和员工共同所有的知识产权，企业在处理该知识产权之前，必须经过该员工的同意，并留存该员工同意的书面证据。

知识产权管理与企业的保密管理工作是密切相关的，企业要根据保密管理制度对知识产权进行管理。接触企业知识产权的相关人员都是涉密人员，企业应做好他们的思想教育、培训和相关管理工作。

3.收益管理

对于知识产权产生的收益，企业应做好数据统计，按照贡献大小在企业内合理分配。为调动员工开发和使用知识产权的积极性，企业对知识产权的收益分配应做到及时兑现。企业因知识产权获得的收益越大，给予知识产权相关员工的奖励就应当越多。

为了节省成本，有的企业规定在知识产权的收益达到一定数量，或时间超过一定期限之后，员工将不再得到奖励。这种做法可能会打击员工开发和使用知识产权的积极性，也可能会让员工只追求短期利益，不注重长期利益。一般来说，知识产权的收益应当与员工长期相关，但可以时间越长，相关性越小。

9.3.2 员工违纪处理

员工违纪的情况时有发生。除了员工本身不了解企业纪律之外，还有企业监管不力的原因存在。由于每个企业的特点不同，员工违纪的种类也不尽相同。

在劳动争议处理中，因企业处理违纪员工引发的劳动争议占有相当大的比例。不少企业在处理违纪员工时并不能做到完全合法、合规，因此企业在法庭上常处于劣势地位。企业纪律的合法，不仅能够为日后处理员工违纪行为提供依据，也能为企业举证做好准备。

企业纪律并不是摆设，它是企业安全前行的重要保障。企业主、管理者均应认真严肃地制定处罚制度并慎重运用企业处罚措施，使相关处罚措施符合法律法规的要求。员工违纪管理做得好，能使员工团结和睦；员工违纪管理做得不好，可能会导致员工之间相互猜疑。

企业对员工违纪的处罚一般分成两类。第1类是行政处罚，主要包括警告、记过、记大过、降级、撤职、留用察看、开除；第2类是经济处罚，是在给予行政处罚的同时，可以给予员工一次性罚款。除了上述两种情况之外，其他的违纪处罚都是不符合法律规定的。

例如，因为员工的过错造成废品就罚员工加班补活，干不完不能回家；剥夺员工节假日休息的权利；任何形式的体罚；任何形式的限制人身自由；任何形式的侮辱人格的处罚等都是违法的。

企业在日常管理过程中，常常能遇到各种各样的员工违纪问题，处理违纪行为是一件非常重要的事情。如果处理得太轻，不能起到杀鸡儆猴的作用；如果处理得太重，有可能会使员工丧失对企业的信心，导致直面公堂。

恰当地处理违纪行为需要遵循以下 3 点。

（1）公开、公平、公正。在处理违纪员工时，应该以公开、公平、公正为原则。公平是指依据规章制度，同样的情形必须做出同样的处罚，不管是员工还是领导，无一例外；公正是指企业要遵从制度规定处理，不得私自陷害、侮辱员工；公开是指员工违反了纪律，必须公开处理。

（2）以事实为依据，重视法律、重视证据，严格按照规章制度进行处罚。劳动纪律是企业内部的“法律”，企业在处罚违纪员工时，首先要做到的就是以事实为依据。不以事实为依据的处罚是不被法律所接受的。证据可以是书面的，也可以是口头的，员工自己承认的内容也可以作为证据使用。

（3）对违纪员工以教育为主，惩罚为辅。惩罚违纪员工的根本目的不在于惩罚，而在于警示。使当事人自己得到警示，也使企业的其他员工得到警示。惩罚只是手段，企业一定要分清主次，增强教育的力量。

9.3.3　劳动争议处理

劳动争议，指的是劳动关系的当事人之间因执行劳动法律法规和履行劳动合同而发生的纠纷，即员工与所在企业之间因劳动关系中的权利义务问题而发生的纠纷。

根据《中华人民共和国劳动法》（自 2018 年 12 月 29 日起施行）的规定，企业与员工发生劳动争议，当事人可以依法申请调解、仲裁、提起诉讼，也可以协商解决。劳动争议发生后，当事人可以向本单位劳动争议调解委员会申请调解；调解不成，当事人一方要求仲裁的，可以向劳动争议仲裁委员会申请仲裁。当事人一方也可以直接向劳动争议仲裁委员申请仲裁。对仲裁裁决不服的，可以向人民法院提起诉讼。

我国劳动争议的处理程序可以概括为“一调、一裁、两审”。与“一调、一裁、两审”相对应的机构分别是：企业设立的劳动争议调解委员会、劳动争议仲裁委员会和人民法院。

"一调"包含两部分，第1部分是协商和解程序，第2部分是内部调解程序。

协商和解程序指的是企业与员工就存在劳动争议的问题直接进行协商，并寻找共同认可的解决方案。劳动争议的当事人一方是员工，另一方是企业，通常双方彼此之间已经有一定的了解，所以发生纠纷时最好通过直接协商的方式解决。

协商和解的程序并不是处理劳动争议的必经程序，劳资双方出于平等自愿的原则，可以协商，也可以不协商；但如果能协商解决的，尽量协商解决。这样对员工、对企业来说都能节省时间和成本、提高效率。

根据《中华人民共和国劳动法》（自2018年12月29日起施行）的规定，在用人单位内，可以设立劳动争议调解委员会。劳动争议调解委员会由职工代表、用人单位代表和工会代表组成。劳动争议调解委员会主任由工会代表担任。劳动争议经调解达成协议的，当事人应当履行。

内部调解程序，指的是发生劳动纠纷的双方当事人就存在劳动争议的问题向企业设立的劳动争议调解委员会申请调解的程序。

内部调解程序与前面的协商和解程序一样，也不是发生劳动争议之后必须经过的程序，双方可以自愿选择。即便双方就劳动争议达成调解协议，也不代表这个协议就具有强制执行力。如果劳资双方任何一方反悔，同样可以向仲裁机构申请劳动仲裁。

和解和调解都是解决劳动争议过程中比较健康的形式，实际上在接下来的仲裁程序和法院审理程序的过程中，都会有一步内部调解的询问程序。所以，"一调"其实贯穿于劳动争议处理过程的始终。

"一裁"指的是仲裁程序。仲裁程序是劳动争议中一方当事人将纠纷提交劳动争议仲裁委员会进行处理的程序。劳动争议仲裁委员会是国家授权、依法独立处理劳动争议案件的机构。劳动争议案件和其他民事案件的不同之处就在于申请劳动仲裁程序是提起诉讼的前置程序。

也就是说，如果劳资双方的某一方当事人想提起诉讼打劳动官司，必须先经过劳动仲裁程序，不能直接向人民法院提起诉讼。

"两审"指的是诉讼程序。根据《中华人民共和国劳动法》（自2018年12月29日起施行）规定，劳动争议当事人对仲裁裁决不服的，可以自收到仲裁裁决书之日起15日内向人民法院提起诉讼。一方当事人在法定期限内不起诉又不履行仲裁裁决的，另一方当事人可以申请人民法院强制执行。

诉讼程序的启动是有条件的，只有某一方当事人不服从劳动争议仲裁委员会的裁决，才可以向人民法院提起诉讼。诉讼程序具有较强的法律性、程序性，做出的判决也具有强制执行力。

这里的诉讼程序遵循两审终审制度，也就是某一案件经过两级人民法院审判后，就宣告终结的制度。如果存在劳动争议的双方当事人的其中一方对人民法院执行一审判决的结果不服，可以在法定期限内向上一级的法院提起上诉。

上一级法院有权受理针对下一级法院第一审判决或裁定不服的上诉或抗诉，有权经过对第二审案件的审理，改变或维持第一审法院的判决或裁定。这时，上级法院的第二审判决、裁定，就是终审判决、裁定，当事人不得再上诉。

9.3.4　劳动争议防控

企业对待劳动争议，应当像对待火灾一样：最重要的不是发生火灾之后如何灭火，而是在还没有发生火灾的时候如何防火。

企业不仅要学会如何处理劳动争议，还要学会如何管理劳动争议、如何预防和减少劳动争议的发生。

要减少劳动争议的发生，企业要做好以下工作。

（1）企业要以法律法规为准绳，严格按照法律法规的规定做事，坚决不做违反法律法规的事。加强劳动合同管理，保证全员签订劳动合同，注意劳动合同的变更管理。当发生劳动争议的时候，争取以协商为主要调解方式。

（2）企业在做到合法合规的同时，还要做到合情合理。合法合规是必要条件，合情合理是充分条件。有了这两个条件，劳动争议的数量将会大大减少。要充分尊重员工的人格，注意员工的感受。

（3）企业要建立健全各项规章制度，规章制度的内容首先要合法合规，其次要尽可能涵盖人事管理体系的各方面，另外要具备可操作性。规章制度中要提前界定清楚劳资双方的权利义务关系，界定清楚评价体系，以体现公平公正。

（4）各级管理层是长期和员工直接接触的人，企业要增强他们的法律意识，增强他们预防劳动争议的能力。企业要定期对相关管理人员进行培训，定期开展劳动纠纷处理活动演练，定期开展劳动争议隐患自查活动。

（5）企业要为员工开设员工投诉和处理的快速通道，员工投诉要简单易行，企业在接到投诉后要马上处理，处理的过程要客观公正，要随时与投诉人沟通，并对员工进行有关正确处理劳动争议的宣传教育。

9.4　常见法务文书

企业在日常经营活动中经常要用到法务文书。法务文书写作是行政管理人员需要具备的基本能力。企业中最常用到的法务文书有起诉状、申诉状、反诉状、委托书、担保书。本节将介绍法务文书的通用写法，法律文书的具体格式要求可咨询当地政府部门。

9.4.1　起诉状

起诉状指的是行政案件、民事案件的原告或刑事自诉案件的自诉人向人民法院提出的指控被告的书状。公民、法人或其他组织向人民法院提起诉讼时，应当递交起诉状。根据起诉状性质和目的的不同，可以分成行政起诉状、民事起诉状和刑事自诉状 3 类。

企业常用的起诉状模板如下。

起诉状

原告：＿＿＿＿＿＿＿＿＿＿＿＿＿＿＿＿＿＿＿＿＿＿＿＿

被告：＿＿＿＿＿＿＿＿＿＿＿＿＿＿＿＿＿＿＿＿＿＿＿＿

案由：＿＿＿＿＿＿＿＿＿＿＿＿＿＿＿＿＿＿＿＿＿＿＿＿

诉讼请求：＿＿＿＿＿＿＿＿＿＿＿＿＿＿＿＿＿＿＿＿＿＿

事实与理由：（详尽描述）＿＿＿＿＿＿＿＿＿＿＿＿＿＿＿＿

＿＿＿＿＿＿＿＿＿＿＿＿＿＿＿＿＿＿＿＿＿＿＿＿＿＿＿＿＿

＿＿＿＿＿＿＿＿＿＿＿＿＿＿＿＿＿＿＿＿＿＿＿＿＿＿＿＿＿

＿＿＿＿＿＿＿＿＿＿＿＿＿＿＿＿＿＿＿＿＿＿＿＿＿＿＿＿＿

证据和证据来源，证人姓名和住址：

此致

＿＿＿＿＿＿＿＿人民法院

起诉人：

年　　月　　日

附：本诉状副本＿＿＿＿份。

9.4.2 申诉状

申诉状指的是诉讼当事人认为已生效的裁定、判决、调解书有错误，向原审人民法院或上级法院申述理由，请求给予复查纠正而写的司法文书。申诉状是公民和法人维护自身合法权益的文件，具有法律效力。

常见的申诉情况有两种，一种是诉讼当事人或其他有关公民对已经产生法律效力的判决或裁定不服，依法向法院或检察机关提出重新处理的要求；另一种是国家机关工作人员或政党、社团成员对所受处分不服，向原机关、组织或上级机关、组织提出自己的意见。

企业常用的申诉状模板如下。

申诉状

申诉人（原审原告）：_____

地址：_____

法定代表人：_____

被申诉人（原审被告）：_____

地址：_____

法定代表人：_____

案由：_____

申诉人对___市___区人民法院_____年__月__日（___）字__号判决不服，特向人民法院提起申诉。

请求事项：_____

事实和理由：（详尽描述）_____

_____

_____

基于上述事实，特向人民法院提起申诉，请求人民法院重新审理本案，撤销原判决，判令_____，以维护申诉人合法权益。

此致

_____人民法院

申诉人：

年　月　日

附：1. 原审判决书一份；

　　2. 相关证据。

9.4.3 反诉状

反诉状指的是在已经启动的诉讼程序中，民事案件的被告以案件的原告为被告，以抵销或吞并对方诉讼请求为目的，向同一人民法院提出与本诉有关的新的诉讼请求时使用的文书。

根据《中华人民共和国民事诉讼法》（自2022年1月1日起实施）第五十一条的规定：原告可以放弃或者变更诉讼请求。被告可以承认或者反驳诉讼请求，有权提起反诉。

反诉是诉讼双方法律地位平等原则的重要体现，是本诉被告享有的重要权利。反诉与本诉合并审理，能降低诉讼成本，便于判决的执行。

企业常用的反诉状模板如下。

反诉状

反诉人（本诉被告）：＿＿＿＿＿＿＿＿＿＿＿＿＿＿＿＿＿＿＿＿

被反诉人（本诉原告）：＿＿＿＿＿＿＿＿＿＿＿＿＿＿＿＿＿＿＿

反诉人就＿＿＿＿一案，对被反诉人提起反诉。

反诉请求：＿＿＿＿＿＿＿＿＿＿＿＿＿＿＿＿＿＿＿＿＿＿＿＿

事实与理由：（详尽描述）＿＿＿＿＿＿＿＿＿＿＿＿＿＿＿＿＿

＿＿＿＿＿＿＿＿＿＿＿＿＿＿＿＿＿＿＿＿＿＿＿＿＿＿＿＿＿＿

＿＿＿＿＿＿＿＿＿＿＿＿＿＿＿＿＿＿＿＿＿＿＿＿＿＿＿＿＿＿

证据及其来源，证人姓名和住址：＿＿＿＿＿＿＿＿＿＿＿＿＿＿

＿＿＿＿＿＿＿＿＿＿＿＿＿＿＿＿＿＿＿＿＿＿＿＿＿＿＿＿＿＿

此致

＿＿＿＿＿＿＿＿人民法院

反诉人：

年　月　日

附:

本诉状副本_____份;

证据_____份;

证人姓名_____,住址_____。

9.4.4　委托书

委托书是公民或法人委托他人代表自己行使合法权益的法律文书。委托方和受委托方在平等、自愿、真实的情况下形成委托书后,当符合委托书中的内容条件时,委托关系即成立。受委托人在行使委托人权利时,可以向他人出示委托书。

一般来说,当委托关系成立时,除非受委托人同意,否则委托人不得以任何理由反悔委托事项。当受委托人违反法律法规或借委托之名行使超出委托权限的行为时,委托人有权终止委托协议。受委托人按照委托书正常行使职责而产生的一切后果由委托人承担,受委托人不需要承担法律责任。

委托的本质实际上是"授权不授责",委托人授权受委托人行使自己的合法权益,但是受委托人不承担该授权范围内产生后果的责任。所以企业在实施委托时,要提前想好委托事项,选准委托对象,三思而后行。

企业常用的委托书模板如下。

委托书

委托人:_____

身份证号 / 机构代码:_____

地址 / 电话:_____

法定代表人:_____

受委托人:_____

身份证号 / 机构代码:_____

地址 / 电话:_____

现委托上述受委托人_____

受委托人的权限为:_____

委托人:　　　　　（盖章）

年　月　日

9.4.5　担保书

担保书，指的是在买卖、借贷、加工承揽、货物运输等经济活动中，债权人为了保障自身的债权得以实现，要求债务人向债权人提供担保的书面保证文件。担保的方式有5种，分别是保证、抵押、质押、留置、定金。

企业常用的担保书模板如下。

担保书

担保人：_____

身份证号 / 机构代码：_____

地址 / 电话：_____

法定代表人：_____

被担保人：_____

身份证号 / 机构代码：_____

地址 / 电话：_____

法定代表人：_____

担保人就_____提供担保。

担保内容如下：_____

_____

_____

此致

_____人民法院

担保人：

法定代表人：

年　月　日

【实战案例】法务类岗位考核指标

法务类岗位一般包括法律事务经理、法律事务主管、法律事务专员、法律顾问、企业律师等。法务类岗位的主要职责包括指导和管理企业法务实践，处理企业法律问题，维护企业法律权益，为企业人员提供法律咨询和指导，确保企业各运营环节、相关部门人员依法办事、不触犯法律等。

对法务类岗位的考核指标可以参考表9-1。

表9-1　法务类岗位考核指标参照表

绩效指标	指标定义
合同审核及时率	（考核期内实际按期完成的合同审核数量÷考核期内应按期完成的合同审核数量）×100%
法务咨询及时率	（考核期内实际按期完成的法务咨询数量÷考核期内应按期完成的法务咨询数量）×100%
合同审核质量	（考核期内审核合格的合同数量÷考核期内审核的所有合同数量）×100%
应诉案件处理率	（考核期内实际处理的应诉案件数量÷考核期内所有的应诉案件数量）×100%
应诉案件成功率	（考核期内成功的应诉案件数量÷考核期内所有的应诉案件数量）×100%
维权行动及时率	（考核期内按期进行维权的案件数量÷考核期内应当维权的所有案件数量）×100%
维权结果成功率	（考核期内维权成功的案件数量÷考核期内应当维权的所有案件数量）×100%
内部协作满意度（内部客户）	（考核期内对法务部门满意的内部客户数量÷考核期内全部被调查的内部客户数量）×100%
法务档案存档率	（考核期内实际归档的法务档案数量÷考核期内应归档的法务档案数量）×100%

第 10 章

企业文化管理

　　企业管理实务有两句话：一句是"一年的企业靠运气，十年的企业靠经营，百年的企业靠文化"；另一句是"三流的企业卖体力，二流的企业卖技术，一流的企业卖文化"。企业文化对企业管理的作用不言而喻，行政管理部帮助企业建立和推行企业文化，能够有效地促进企业长久的经营发展和稳定的利润获取。

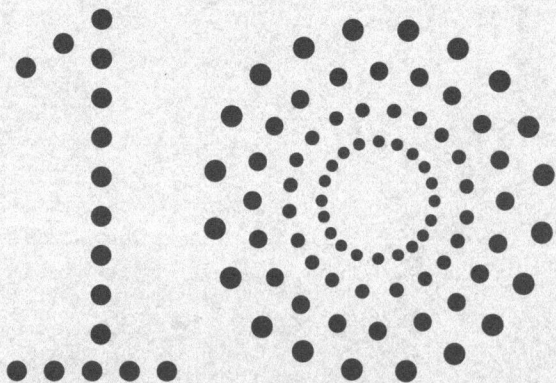

10.1 企业文化概述

企业文化指的是企业全体员工经过长期实践所形成并普遍遵守的价值标准、基本信念及行为规范。企业文化是企业制度与群体行为的积淀，它就如同家庭气氛，不同的企业有不同的文化，不同的家庭有不同的气氛。

10.1.1 企业文化的作用

美国知名管理行为和领导权威约翰·科特（John P. Kotter）教授与其研究小组，用了11年对企业文化对企业经营业绩的影响力进行研究，结果证明：凡是重视企业文化因素特征（消费者、股东、员工）的企业，其经营业绩远远胜于那些不重视企业文化建设的企业。

根据约翰·科特和詹姆斯·赫斯克特（James L. Heskett）合著的《企业文化与经营业绩》中的数据，重视企业文化的企业和不重视企业文化的企业在总收入、员工增长率、股票价格增长率和净收入增长率之间的差距如表10-1所示。

表 10-1 重视企业文化和不重视企业文化的企业各项数据比较

	重视企业文化的企业	不重视企业文化的企业
总收入平均增长率	682%	166%
员工增长率	282%	36%
股票价格增长率	901%	74%
净收入增长率	756%	1%

企业之间的竞争表面上看是产品与服务之间的竞争，深入看是流程与制度之间的竞争，再往深层看是企业文化与软实力之间的竞争。企业竞争力的3个层次如图10-1所示。

当企业追求表层竞争力的时候，会不断追求产品与服务的高品质；当企业追求中层竞争力的时候，会不断追求管理上的高水平和员工的高素质；当企业追求深层竞争力的时候，会不断追求文化的高境界。

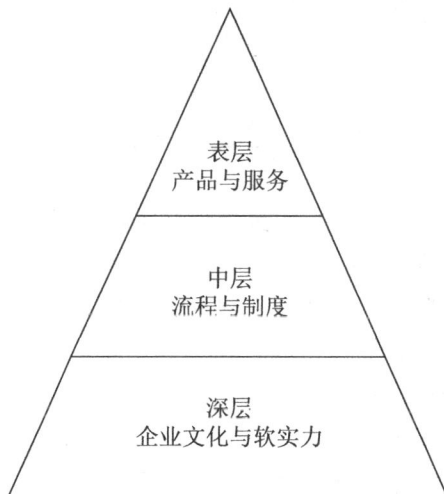

图 10-1　企业竞争力的 3 个层次

在市场竞争中，企业之间的较量很大程度在于企业家；企业家之间的较量很大程度在于其掌握的经营管理智慧；而经营管理智慧之间的较量很大程度在于企业文化。

10.1.2　企业文化的特征

企业在不同的发展阶段有不同的诉求，不同阶段的企业强调的企业文化应当有所不同。企业文化的发展应当适应企业发展的规律，根据企业所处的不同时期，比较典型的企业文化有创业型文化、发展型文化、稳定型文化、衰退型文化。任何一个时期的文化都是为企业发展服务的。

在企业的初创期，内部制度和流程不完善，一般管理会比较粗放。这个时期的管理以人治为主，管理者的经营管理能力决定了企业的发展能力。在这个时期，企业的战略通常只有大方向，并不明确具体。企业的管理重点是持续地经营下去。初创期的企业适合创业型的企业文化，应当更强调坚强、勤奋、敢闯敢拼、不断奋进。

在企业的成长期，企业规模开始迅速扩张，企业的经营目标逐渐明确，企业逐渐形成清晰的战略，这时候需要企业自上而下协同努力，共同实现企业战略。这时候统一各部门的目标、提高各部门的效率就显得非常重要。成长期的企业适合发展型的企业文化，应当更强调诚信、踏实、追求规范、亲情文化。

在企业的成熟期，企业的业务已经比较成熟，外部的市场相对稳定，内部各岗位的工作也相对平稳。成熟期的企业适合稳定型的企业文化，应当更强调追求创新、主动作为、加强服务意识。

在企业的衰退期，企业的某些业务开始出现萎缩。企业进入产品的调整、技术的创新、资源的整合时期，为下一轮的成长做准备。衰退期的企业适合衰退型的企业文化，应当更强调追求卓越、个人增值、沟通平等。

企业文化不分好与坏，只分是否适合企业的稳定与发展。每个时期的企业文化主题虽然不同，但都因企业的转变而更改，并为增强企业员工的凝聚力和提高工作效率服务。

要想让企业文化真正发挥作用，企业应当充分发挥企业文化的基本特征，利用好企业文化的基本特征来达到企业管理的目的。企业文化的 3 个典型特征如下。

1. 以文化人

以文化人的意思是用文化来让人们的行为产生变化，让人的行为变得越来越统一，最终用文化规律来管理企业，把文化渗透到企业的经营管理方式之中。

2. 以人为本

企业文化强调人的价值，把尊重人、理解人、关心人同教育人相结合，以人为主，以人为先，把制度纽带、职务纽带和情感纽带相结合，努力创造一种工作效率和人文关怀相结合的环境，强调职业的同质性，淡化以角色作区分的等级意识。

3. 文化主导

企业文化能够提高员工的文化素养、改变企业的精神面貌。有效的企业文化能对企业的正常运作产生正向效果，能够为企业带来正向的经济效益。企业通过建立全员认同的发展战略、培养整体员工的文化品位，从而为企业发展提供源源不断的动力。

10.1.3　企业文化的种类

常见的企业文化有以下 4 种。

1. 象文化

这类企业文化强调人本理论。在这类企业当中，"以人为本""以人为先""以人为始""人文关怀"等关键词经常出现，强调人与人之间的尊重和友好。这类企业相信，企业的成功是因为人力资源得到了比较充分的开发和重视。

这类企业通常会为员工提供和谐、友好、舒适的工作环境，主动协助员工解决困难，提高员工的满意度。在这类企业中工作，员工常会感受到被关怀、被重视。

2. 狼文化

这类企业强调快速发展、弱肉强食，强调狼性精神。在这类企业中，"冒险""速度""创新""增长""危机意识""持之以恒""团队协作"等关键词经常出现，强调"胜者为王、败者为寇"的适者生存法则。

这类企业通常会为员工提供充满活力和创造力的工作环境。企业非常重视自己在行业中的领先地位，管理层通常具备比较强的冲劲。

3. 鹰文化

这类企业强调绩效为王、结果导向和意识。在这类企业中，"市场份额""市场排名""业绩达成""目标实现"等关键词经常出现，强调实现目标、完成计划、取得业绩的市场意识。

这类企业通常会为员工提供充满竞争的环境，让员工保持对市场的敏感度，激发员工的竞争意识。这往往是这类企业能够在市场中一直占有一席之地的原因。

4. 牛文化

这类企业强调遵守秩序、一步一个脚印，强调稳健发展。在这类企业中，"标准""制度""流程""规则""成本""运营""服务"等关键词经常出现，强调稳定发展、稳步前进的大局意识。

这类企业通常会为员工提供相对稳定的工作环境，让员工严格遵守企业创造的某种秩序，通过运营的稳定性来保证比较稳定的产品质量或服务质量。

10.2 企业文化建设

企业文化建设就像塑造人的性格，是一项系统的工程，并非一朝一夕能够完成的。企业文化建设必须服务于企业战略、适应未来竞争的要求。企业应围绕自身的核心竞争力建立一套对企业有价值的观念和行为准则。

10.2.1 企业文化保障

在建设企业文化之前，企业首先要确保已具备建设企业文化的基本环境。一般来说，企业文化要在企业中落地，需要有4层保障，如图10-2所示。

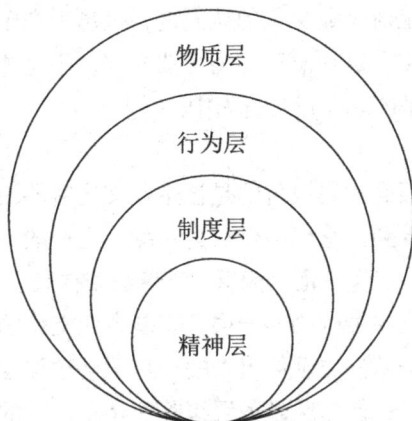

图 10-2　企业文化的 4 层保障

1. 精神层

精神层面的企业文化指的是企业领导者和大部分员工共同遵循的基本理念、价值观、职业道德或精神风貌，它们既是企业文化的灵魂，又是企业文化的核心。

企业文化在精神层面的表现形式包括 2 个部分：一是企业愿景、使命、价值观、精神、信仰等核心理念；二是品牌理念、服务理念、产品理念、营销理念、质量理念、人才理念等运营理念。

例如，迪士尼公司的愿景是"成为全球超级娱乐公司"，使命是"使人们过得快活"；麦当劳的核心价值观是 QSCV（质量、服务、清洁、价值）；海尔集团的企业精神是"敬业报国，追求卓越"。

2. 制度层

企业文化建设不能只说不做，也不能仅仅停留在意识形态。企业文化不仅要做，而且还要变成制度、流程、规范，变成必须要做。这里的制度，包括奖惩制度、绩效考核、任职资格等一切企业必备的制度。

企业通过制度层面的建设，形成企业内部的"游戏规则"，不仅能让企业文化变成一种长期的、稳定的存在，而且能让其成为企业中所有人约定俗成的做事要求，久而久之，企业文化会成为一种企业风俗和行为习惯。

3. 行为层

员工是否从心底认可企业文化、是否按照企业文化做事，全部体现在员工日常的行为表现上。如果绝大多数员工的行为符合企业文化，新进入企业的员工将会很快被周围的环境感染，做出符合企业文化的行为。反之，员工会被不符合企业文化的行为影响，从而不能使企业文化有效地传承。

行为层体现了员工对企业文化的认同度，是员工在工作中对文化的遵循。员工是否认同企业文化、是否愿意传播企业文化，不是体现在嘴上，也不是体现在书面文字上，而是体现在日常行为中。

4. 物质层

企业文化在物质层面的建设目的是让企业文化能够被看得见、摸得着，能够被员工更直观地感受到。它包括企业的产品、企业的绩效结果、企业的奖惩实施、企业建筑、企业广告、企业标识、工装、工作牌、名片、信纸等。

精神层是企业文化中最核心的一层，它是企业文化的核心价值导向及深层次内涵；制度层是根据精神层延伸出来的，它承接精神层的内涵，是企业内部的游戏规则和制度保证；行为层是各层级管理者和员工的行为表现，是企业文化的落实，它影响着新进员工的行为；物质层是企业文化的最外层，它的表现形式非常多样，是企业文化的传播形象和外在表现。

10.2.2 企业文化结构

企业文化的顶层结构包括精神文化、制度文化、行为文化、形象文化、环境文化、箴言文化6个部分。在企业文化的顶层结构之下，还有更多的细分内容。

1. 精神文化

企业的精神文化包括企业使命、企业宗旨、企业愿景、企业精神、企业目标、企业核心价值观、企业战略、企业理念和企业品牌文化等。其中，企业理念又可以细分成经营理念、安全理念、管理理念、质量理念、效益理念、用人理念、学习理念、工作理念等。企业品牌文化可以细分成产品品牌、管理品牌、形象品牌等。

2. 制度文化

企业的制度文化包括管理机制、管理模式、工作方法、管理标准等，其中管理标准可以根据企业的需要细分成不同的标准。

3. 行为文化

企业的行为文化包括工作作风、行为规范、思想品行、工作标准、团队精神、交往礼仪等。

4. 形象文化

企业的形象文化包括企业形象用语、企业形象识别标志和企业形象载体等。

5. 环境文化

企业的环境文化包括员工文化中心、文化长廊、展厅、车间、办公室、餐厅、厂区、家属区等各类场所的环境文化。

6.箴言文化

企业箴言属于企业文化的附属内容，包括企业历史上宝贵的格言、警句及企业领袖的经典语录。企业箴言对企业文化有很深厚的影响，在很多企业中，企业箴言能够体现出比较贴近行为的文化。

10.2.3 企业文化提炼

梳理和提炼企业文化的方法包括问卷调查法、座谈会法、访谈法、文件搜集法和观察总结法。虽然方法不同，但企业文化提炼过程中关注的问题基本相同。企业文化的提炼内容，最终都导向企业文化的基本结构。

提炼企业文化的调查问卷模板如下。

以下问题中，同样的问题会出现个别不同提问方法，可能答案相同，请照常作答。如果有的题目答不出来或没有答案，可以空着。

（1）如果让你描述自己的企业，你会用哪 10 个词？

（2）在本企业工作，什么是最重要的？

（3）在本企业，最常出现或最常被使用的词语有哪些？

（4）在本企业，什么样的人得到了或应该得到提升？目前情况如何？理想情况如何？

（5）在本企业，什么样的行为得到了或应该得到奖励？目前情况如何？理想情况如何？

（6）在本企业，什么样的人比较容易适应？什么样的人比较不容易适应？

（7）在本企业，有什么样的仪式？

（8）在本企业，目前有哪些不变的真理？

（9）在本企业，有什么样的模范故事（特别是关于企业领袖或创始人的）？

（10）本企业实现更大发展的关键要素是什么？

（11）这些年来，支撑本企业发展的精神力量、观念是什么？

（12）企业目前比较良好的风气是什么？

（13）这些年来阻碍企业发展的观念是什么？

（14）你认为企业最高领导层的个人信念、人生追求、品质特征及领导风格是什么？

（15）企业要实现理想目标与更大发展，应该引进和吸收哪些新观念？

（16）企业员工应共同遵守的价值观或道德准则是什么？其中最重要的是哪个或哪几个？

（17）请描述本企业的宗旨、愿景、使命和核心价值观？

（18）请描述你所知道的或应该有的本企业格言？

（19）企业目前应该克服的不良观念或风气是什么？

（20）你认为企业有哪些原则是必须遵守的？

企业可以对提炼出的企业文化进行识别、分析、盘点、诊断和评价。对企业文化的诊断和评价应当站在企业发展的历史角度，分析企业为什么会具备当前的文化，分析当前的企业文化是否符合企业的未来发展，当前的企业文化是否是企业期望见到的文化，当前的企业文化是否需要修正以及应当通过何种方式修正。

10.2.4 企业文化设计

提炼出的企业文化也许与企业发展的理念有差距，为了管理企业文化，企业应当有意识地对企业文化进行设计。设计企业文化时，应当参考企业现状和未来发展，在原有企业文化的基础上，做适度的调整和提升。

企业文化设计的过程可以分成3步。

1. 提炼出好的企业文化

在提炼出的企业文化中，有适合企业长足发展的部分，对这部分文化企业应当保护和发扬。

2. 剔除不好的企业文化

对于提炼出的企业文化当中不好的部分，企业要找到源头，想办法剔除。

3. 引入想要的企业文化

对于企业期望具备但实际还不具备的企业文化，企业应当通过一些方式引入。

设计企业文化的过程实际上是形成全员价值观和企业理念的过程，是挖掘和弘扬企业精神的过程，是塑造企业灵魂的过程。在完善和设计企业文化时要注意以下事项。

1. 精神层设计

企业在设计精神层企业文化的时候，要在尊重现实、尊重企业的发展历程和个性特色的同时超越现实，站在一定的高度预测企业未来的发展方向，从而使企业文化和企业未来的发展相匹配。除此之外，企业还要注意精神层文化的系统性、艺术性和个性。企业文化的设计可以参考企业的优秀传统、模范人物、其他先进企业的理念、中华民族的传统文化和社会中的典型正面文化。

2. 制度层设计

企业在制度层的文化设计不能照搬其他企业的制度，不能仅凭经验闭门造车，不能仅靠企业领导一个人说了算，不能无视员工的诉求、不能太抽象、不能只喊口号。企业文化的制度层设计应当契合企业的精神层，服务于企业发展，和企业的战略相匹配，要简明扼要、具备系统性和可操作性。

3. 行为层设计

行为层的文化设计要考虑精神层的企业文化落实在行为上的具体表现，以及何种行为能够促进精神层企业文化的落实。当聚焦到具体行为之后，再将行为制度化，或者通过制度引导员工不断做出符合企业文化的行为。

4. 物质层设计

物质层是企业文化的外在表现，物质层需要设计的形象和要素种类繁多，是一项比较专业、比较繁杂的工作。企业可以请专业的设计公司参与设计，可以参考的设计元素包括企业的名称、标识、旗帜、标准色、标准字、员工服装、产品包装等。

10.3 企业文化内化

企业文化要发挥作用，离不开持续有效地传播。企业文化中的"文"主要指的是企业文化的提炼和设计；企业文化中的"化"主要指的是企业文化的传播和内化。内化后的企业文化才能对企业产生长久有效的影响。

10.3.1 企业文化内化分工

企业文化内化的过程需要企业中各层级人员分工协作。当处在不同位置、担任不同角色的员工各司其职，肩负起自己的职责时，企业文化内化工作才能得到真正落实。

对于基层员工来说，是否认同企业文化决定了他们能否做出企业想要的行为。员工对企业文化内化的作用就是践行企业倡导的文化。员工的态度和行为是企业文化的集中体现，也直接反映了企业文化的实施效果。

对于中层管理者来说，不仅要去感受、体味企业文化倡导的观念，更要肩负起向下级传递企业文化的任务。中层管理者的一言一行是企业文化内化最重要的载体，也是企业文化传承的关键。

对于高层管理者来说，企业倡导的思想和信念不一定要说出来，也不一定要写下来，他们日常的决策、对是非的判断和倾向都是企业文化的风向标，都会给企业里的中基层员工带来直接的影响。

在企业文化内化的过程中，中高层管理者可以形成基于企业文化的管理模式。当出现某个问题时，首先查找该问题对应的事件或行为，找到行为的实施对象（人），然后查看行为对象的观念或品格是否存在问题。若存在问题，则对其进行引导，让行为对象养成有利于企业的习惯，从而做出符合企业文化的行为，避免再次出现类似的问题，如图10-3所示。

基于企业文化的管理模式可以简单总结成如下口诀。

没有不对的事，

只有不对的人，

根据事来找人，

通过人来管事。

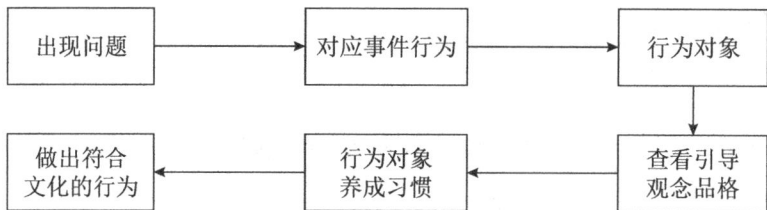

图 10-3　基于企业文化的管理模式

10.3.2　企业文化传播

企业文化的传播方式非常丰富。企业在选择传播渠道时，并非选择一种就可以高枕无忧，而应当不拘一格，采取多种传播方式同时运行。常见的企业文化传播方式如下。

1. 领导带头

员工的行为直接受管理者的言行影响。企业的中高层管理者是企业文化传播的主力军，他们的言行直接影响着企业文化的落实。如果企业管理者表面说一套，实际做一套，则会让员工产生困惑，从而产生对企业文化的不信任感。领导带头是一种潜移默化地传播企业文化的方式，也是企业文化传播最有效的手段。

2. 主题活动

企业可以举办各类与企业文化相关的主题活动来进行企业文化传播。例如，企业可以举办各类基于企业文化的文体活动。除此之外，还可以举办争先创优评选、文明单位创建、服务品牌建设、职工之家建设、家园文化设计、专题演讲比赛、俱乐部、读书会、体育竞技、文艺演出、拓展训练、郊游远足、才艺比赛、团建聚餐等活动。

3. 文化故事

故事容易被员工接受，能够让员工快速掌握企业文化表达的抽象概念和价值观，是企业文化传播比较直观、有效的方式。员工有时候很难理解自己该如何做，但在听到或看到了其他人的故事之后，就能够知道其他人是如何做的。员工如果想成为"先进"，会主动学习其他"先进"的做法。

4. 文化载体

企业文化的载体是承载企业文化凝练之后形成的文字内容的"容器"，它凝结着企业文化的核心思想。常见的企业文化载体包括企业文化手册、企业发展历程手册、光荣榜、企业箴言手册、文化故事手册、办公区看板、内部刊物、公告宣传栏等。除了物理载体之外，企业还可以运用互联网、局域网、歌曲等作为载体进行企业文化传播。

5. 教育培训

进行企业文化的教育培训是比较直接的企业文化传播方式。在新员工入职、老员工复训、培养管理干部的过程中，都应当涉及企业文化的培训。言传身教与日常的思想政治工作，同样能够起到通过思想教育传播企业文化的效果。在教育培训结束之后，还可以举办与培训相关的考试、比赛、讨论会、分享会等活动，从而强化企业文化的传播效果。

6. 举办仪式

每个仪式背后都有企业文化想要传达的理念或价值观。仪式对企业文化的传播能够起到"润物细无声"的效果，让员工不自觉地接受企业文化。企业可以刻意创造一些事件或文化仪式，让企业文化得到有效传播。

除了以上6种常见的企业文化传播方式之外，还有一种在企业文化建设环节就应当形成的、对企业文化传播起到重要作用的方式——制度与流程。企业的制度与流程是企业文化传播最坚实的着陆平台，是企业文化传播的基础。

10.3.3 企业文化推广

企业文化的传播主要指的是对内的传播，企业文化的推广主要指的是对外的推广。当企业文化的内化工作做到内部和外部统一时，企业文化就能够被更多人熟悉并认可，让企业文化的存在感更强。通过企业文化的外部推广，企业形象能够得到展示，能够帮助人们认识企业，有助于企业建立雇主品牌优势。

企业文化应当有一套企业识别系统，简称 CIS（corporate identity system）。CIS 可以在企业的精神层、制度层、行为层和物质层上得到体现。

精神层的 CIS 主要指的是理念识别（mind identity，MI），相当于企业的"心"。

制度层的 CIS 主要指的是规范识别（standard identity，SI），相当于企业的"脑"。

行为层的 CIS 主要指的是行为识别（behavior identity，BI），相当于企业的"手"。

物质层的 CIS 主要指的是视觉识别（visual identity，VI），相当于企业的"脸"。

企业的外部形象（corporate image，CI）就像人的形象一样。人们给他人留下的印象是通过外观、言语、行为等实现的。而企业要想拥有比较好的外部形象，就需要做好各个环节的形象设计和推广工作。

企业可以采取的文化推广活动包括庆典活动、展会活动、赞助活动、促销活动、社区公益活动、公共福利活动、社会援助活动、慈善募捐活动等。除了举办活动外，企业的广告同样可以起到文化推广的作用。

案例

华为公司的愿景、使命与战略是"华为致力于把数字世界带入每个人、每个家庭、每个组织，构建万物互联的智能世界：让无处不在的连接，成为人人平等的权利；让无所不及的智能，驱动新商业文明；所有的行业和组织，因强大的数字平台，而变得敏捷、高效、生机勃勃；个性化的定制体验不再是少数人的专属特权，每一个人与生俱来的个性得到尊重，潜能得到充分的发挥和释放"。（来自华为官方网站）

华为公司把企业文化与战略进行高度融合，在广告宣传方面也充分体现了对企业文化和战略的推广。华为 AI（artificial intelligence，人工智能）的广告语是"构建万物互联的智能世界"（来自华为官方网站）；华为云业务的广告语是"助力业务敏捷上云"（来自华为官方网站）；华为智能家居的广告语是"智能生活，触手可及"（来自华为官方商城）。

不同的推广方式对企业文化的推广效果是不同的。与企业文化的传播原理相同，要想有效地推广企业文化，企业不应仅通过一种方式，而应当多种方式并用。

【实战案例】某医院企业文化建设分工

建设企业文化是一项系统的工作，需要各部门的分工协作，不能仅靠某个部门或某个岗位的单方努力。某医院在企业文化建设方面分工明确、责任清晰，为医院企业文化的建设和落地起到了非常重要的作用。

该医院的企业文化建设工作由党政一把手负责，各分管院长为所辖范围的责任人，党政联席会议是协调机构，重大事项由党政联席会议决策；对于医院在文化建设上的经费，组织上予以保证；每年召开一次医院文化建设专项会议，研究部署年度医院文化建设工作。

院办、党办、工会是医院文化建设的日常办事部门，党政工团负责医院文化建设的日常管理和协调。

- 党办牵头精神文明建设、职工培训、医德医风和行业作风教育，通过党支部贯彻落实文化建设的各项决策。
- 工会通过开展多种寓教于乐的活动，提高职工对医院精神的认同感及其文化、技能素质。
- 共青团通过与青年交朋友，引导青年职工把个人发展融入医院发展，为实现医院和个人的共同目标而努力。
- 人事科通过制度创新、机制创新，激活人力资源，积极为职工的职业发展牵线搭桥、提供机会。
- 各职能部门通过完善相关管理制度和工作流程，量化考核标准，不断规范职工行为，提高服务质量，形成党政工团齐抓共管的工作格局，使医院得到病人及社会的认可。

【实战案例】某上市公司企业文化谱系

某上市公司主营业务是白酒的生产销售，从 2008 年起，该公司的主要经济指标位居全国白酒行业"十强"。该公司于 1996 年创立品牌，如今该品牌已经发展成为享誉全国的白酒品牌。自创牌以来，该公司致力于打造具有影响力的品牌文化，致力于映射出具备中华民族特色的人文个性与时代诉求。

该公司始终致力于品牌深厚文化底蕴的挖掘与传播，不断增强品牌文化的认知度、美誉度，为企业发展提供更基本、更深沉、更持久的文化支撑和品牌力量。同时该公司通过创造性地转化和创新性的发展，努力让潜在的文化力成为现实的生产力和企业的核心竞争力。

　　该公司的企业文化搭建始于企业哲学。企业哲学是企业的世界观和方法论，是企业为其经营活动或方式所确立的价值观、态度、信念和行为准则，是指导企业文化发展的核心要素，是塑造企业文化的根本。

　　在企业哲学的指导之下，该公司形成了支持其经营活动的企业文化谱系，如图 10-4 所示。

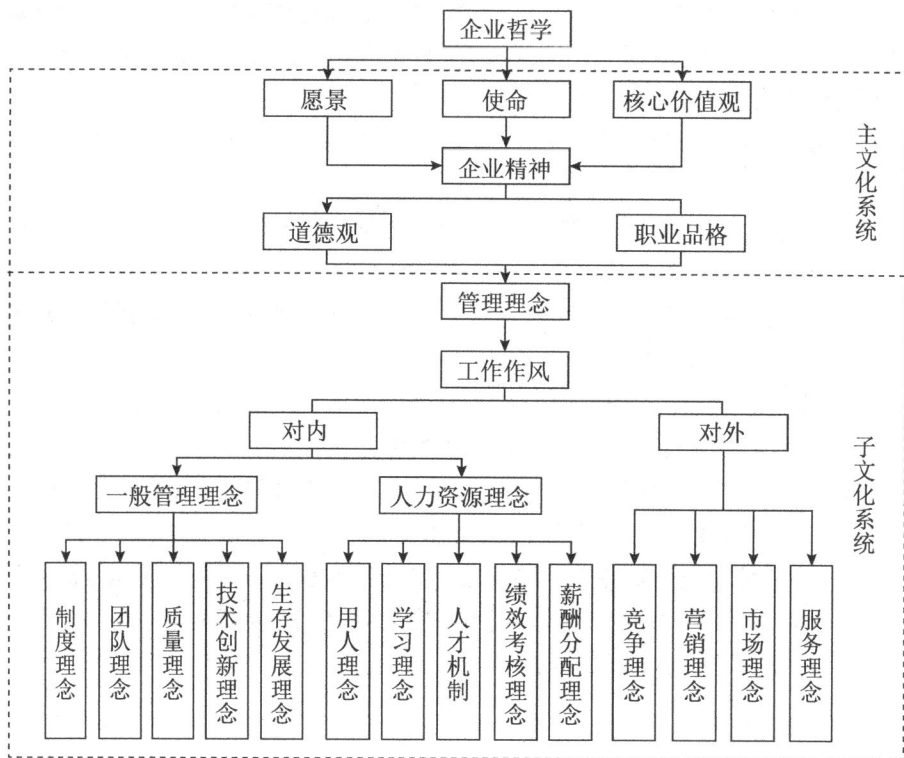

图 10-4　某上市公司企业文化谱系

【实战案例】阿里巴巴企业文化传播工具

　　对于阿里巴巴而言，企业成功＝战略 × 组织能力；组织能力＝企业文化 × 领导力。一个企业的文化和价值体系并非一朝一夕、简简单单就能形成，它不仅需要时间的沉淀与完善，还要渗透到企业的方方面面。

阿里巴巴在企业文化的打造上，主要运用了三大传播工具。

1. 制度工具

制度是企业文化传播和延续的根基，企业文化需要制度的支持。如果没有制度将企业文化具体化、固定化、方向化，企业文化将会像蒲公英一样随风飘散，没有落脚点。如果没有制度的约束，对待相同的情况，企业将会出现不同的处理方式。

阿里巴巴认为，抛开制度讲文化是空洞的。例如，阿里巴巴尊重事实、喜欢求真、讲求企业内部信息对称。出现因严重违规而被开除的员工后，阿里巴巴会向一定范围内的员工还原事实的真相，避免产生谣言。

2. 标签工具

阿里巴巴将行为标签化、将物品标签化，运用行为和物品传播企业文化。例如阿里巴巴倒立文化中的学会倒立，就是一种标签化的行为；阿里巴巴内部的许多雕塑、纪念品、工艺品、工牌等物品都被赋予了不同的含义，它们无一不在持续传递着阿里巴巴的精神与文化。

阿里巴巴鼓励员工之间传播企业文化。例如阿里巴巴只对工作5年以上的老员工发放橙色工牌。这个工牌只针对工龄，跟职位并无关系，这是阿里巴巴给老员工的一种荣誉和尊敬，同时也是激励老员工主动传播企业文化的一种方式。

3. 故事工具

故事是阿里巴巴进行管理和文化传承的重要工具。在阿里巴巴，每一位管理者都要成为故事的发现者、收集者和传播者。尤其是阿里巴巴的主要创始人和高管们，他们懂得传播故事的重要性，愿意主动自发地传播故事。

阿里巴巴的新员工入职之后，除了集中培训的时候，日常工作中也经常会听到各种故事。有的故事是关于阿里巴巴当年创业的艰辛，有的故事是关于员工的努力工作。阿里巴巴的故事除了在企业内部传播之外，还有可能会被拍摄成视频，用来进行外部传播。

第 11 章

行政费用管理与分析

　　行政管理费用是企业成本支出中占比较大的费用之一。对行政费用的管控主要包括两部分，一是对行政预算的编制、执行、监控和分析；二是对日常发生行政费用的统计和分析。通过对行政费用的管理和分析，能够发现行政管理的薄弱环节，进而指导行政管理工作。

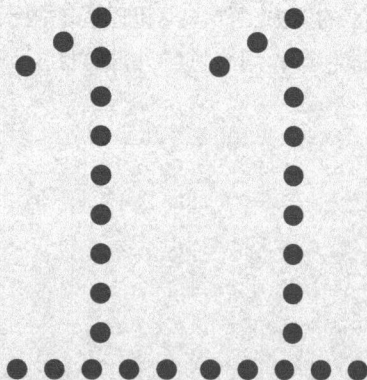

11

11.1 行政预算费用管理

行政费用预算是行政管理部门开展行政管理工作的基础。企业要承接战略目标，做好行政管理工作，合理规划和合理应用行政管理经费，就需要提前编制行政费用预算，在其执行过程中实施必要的管控和考核，并在某个时期后对行政费用的预算和实际发生情况实施评估。

11.1.1 行政预算费用编制

行政费用预算编制的时间一般在前一年的 10 月份。行政管理部门负责人参考去年的费用发生情况和今年的规划，制定下一年的行政费用预算。行政费用的种类比较多，常见的行政费用分类如表 11-1 所示。

表 11-1　常见行政费用分类

序号	费用类别	费用定义
1	办公费用	日常办公事务、各类办公用品所需要的费用
2	基建费用	行政类基础设计建设所需要的费用
3	环保费用	维护企业的物理工作环境所需要的费用
4	车辆费用	采购、运营、养护车辆，行政用车、货运用车等所产生的费用
5	食堂费用	为员工提供餐饮所需要的费用
6	住宿费用	为员工提供住宿所需要的费用
7	零食费用	日常工作间隙为员工提供零食、点心等所需要的费用
8	宣传费用	企业宣传所产生的费用
9	公关费用	外部联络、关系拓展等各类公关活动所产生的费用
10	会务费用	召开会务所产生的费用
11	招待费用	客户来访、业务招待等所产生的费用
12	福利费用	为员工提供健康体检、发放福利物品等各类福利所产生的费用
13	劳保费用	为员工提供劳动保障所产生的费用
14	安全费用	保障企业的治安安全和消防安全所产生的费用

续表

序号	费用类别	费用定义
15	差旅费	因行政需求到外地出差所产生的费用
16	固定资产费用	各类办公的设施、设备的维护保养所产生的费用
17	法律事务费用	企业因为产生各类法务纠纷所产生的费用
18	其他费用	除以上各类费用之外的其他行政管理相关费用

行政预算的编制流程可以分成以下 6 步。

1. 上年比较

对上一年的行政费用的预算和结算情况进行比较，找出上一年预算和结算之间差异比较大的项目并分析差异产生的主要原因，判断下一年是否会发生类似的问题。

2. 本年比较

将本年度发生的行政费用实际情况和预算情况进行比较，找出当前实际发生费用和预算差异比较大的项目并分析差异产生的主要原因，判断下一年是否会发生类似的问题。

3. 分析趋势

在做完上年度预算结算情况比较和本年的预算结算情况比较之后，总结出行政费用预算的变化趋势，明确哪些项目的费用可能会增加，哪些项目的费用可能会减少。这时候对趋势的分析不能仅仅停留在数字层面，还要考虑实际工作情况。

4. 经营分析

对行政费用的分析不能仅停留在行政管理部的规划层面，还需要站在企业经营管理的高度，了解企业的战略目标、发展状况和生产经营状况，让企业的行政费用预算与生产经营状况相匹配。

5. 工作预测

结合上一步的分析，列出符合企业战略的工作重点，列出当前影响企业行政费用预算的主要因素，同时列出明年行政管理工作的重点及方向。

6. 预算编制

根据企业的行政费用预算表格和前 5 步对行政管理工作重点的分析和预测，逐项分析下一年的费用变化情况，并编制行政费用预算项目中的具体数字。

在编制行政费用预算的时候，要尽可能地考虑到会发生变化的各项因素，在数字上留有余量，设置预算预备费用，以防发生预算外的支出。预算预备费用的具体数字可以根据前 3 年行政费用预算和结算之间的数字差异来确定。

11.1.2 行政预算费用执行

编制完成的行政费用预算应当形成书面报告，由企业预算管理委员会进行核准和审批。行政管理部在收到企业预算管理委员会的批复后，在内容方面有需要修改的，应及时修改，直至最终通过。方案通过后，企业可以最终执行该行政费用预算决议。

企业在制订预算决议的具体计划时，应同时形成行政费用预算执行表，如表 11-2 所示。

表 11-2 行政管理预算执行表

1 列	2 列	3 列	4 列	5 列	6 列	7 列
预算项目	预算额	实际发生额	差异额	累计预算额	累计实际发生额	累计差异额

在行政费用预算执行表中，第 1 列的预算项目可以根据企业行政费用分类的项目分级表示；第 2 列至第 4 列的预算和实际发生情况的记录一般以月为时间单位；第 5 列至第 7 列的累计预算和实际发生情况的记录一般为当年累计月的数据。

在执行行政费用预算以前，企业应具有相应的管理制度和对预算责任人的奖惩制度。审批后的行政费用预算目标一般是和企业绩效指标挂钩的硬指标，没有特殊原因一般不得超过预算。在行政费用预算执行的全过程中，企业要做好管控，并应当注意如下事项。

1. 在预算内使用时

对行政费用预算内的项目，一般由行政管理部负责人和总经理进行审批和管控，由财务部和预算管理委员会进行监督。

2. 在预算外、预备内使用时

如果遇到特殊情况需要突破行政费用预算，但是超出的金额在预算预备费用范围内时，需要提出申请并详细说明原因，由财务部负责人和总经理核准审批后纳入预算外支出。

3. 在预算外、预备外使用时

如果需要突破行政费用预算且超过预算预备费用时，除了需要财务部负责人和总经理审批外，还需要经过预算管理委员会的审核与批准。必要时，企业应对超过预算的项目的必要性进行充分的考证。

4. 在预算使用不足时

当行政费用预算使用不足时，一般可以跨月结转，下月继续使用，但一般不能跨年度结转使用。为了厉行勤俭节约，防止各部门为了争取次年的费用额度而乱用当年的预算费用，企业可以规定当预算使用不足时，不因当年预算费用使用的减少而影响次年预算费用额度的审批。

5. 在环境变化时

在行政费用预算使用过程中，如果因各类环境变化（如政策环境变化、经济环境变化、产业环境变化等）以及其他特殊原因使企业的经营战略发生变化，企业应对行政费用的预算及时做出修正，并按照相关规定重新实施核准和审批流程。

11.1.3 行政预算费用监控

对行政费用预算使用情况的监控包括 3 个层面，分别是行政管理部门日常内部监控、其他部门随时抽查监控和总经理定期监控。这 3 层监控的建设，能够形成行政费用预算的监控体系，让行政费用预算的使用更有效。

1. 行政管理部门日常内部监控

行政管理部门内部对行政费用预算的监控是对行政费用预算进行管理最有效的方式。这个层面是真正提升行政管理水平的层面，是部门内部的自查。如果行政管理部门负责人和相关工作人员能够自觉做好行政费用预算的使用，行政费用预算就能够得到最大化的运用。

2. 其他部门随时抽查监控

其他部门对行政费用预算的监控主要体现在财务部、审计部或预算管理委员会对行政费用使用情况的随时抽查。其他部门对行政费用预算的监控有一定的滞后性，往往是发现问题之后才能进行处理。

3. 总经理定期监控

总经理在行政费用预算的使用上承担着重要责任。很多时候，正是因为总经理的决策错误导致行政费用预算使用超额。所以总经理定期对行政费用预算使用进行监控，不仅能监控行政管理部门，也能评估自己的一些决策产生的费用情况。

行政费用预算的使用情况可以与行政管理部门的绩效考核挂钩，使其成为行政管理部门发放绩效奖金的依据之一。考核的时候需要注意，如果是因为其他高层管理者的临时决策造成的行政费用超额，就不应当将其作为行政管理部门的考核依据。

企业可以评估行政费用预算的管控质量，对行政费用预算管控质量比较好的情况，应当给予奖励；对行政费用预算管控不力、不思改进，反复提出问题后仍没有改进的情况，可以根据相应的规定给予一定的惩罚。

11.1.4 行政预算费用分析

行政预算费用分析，是对行政费用的预算和实际应用情况进行的分析。行政预算费用分析不仅是简单的对表格进行就数论数的分析，更重要的是通过表格和数据发现问题、分析问题和解决问题。行政预算费用分析的常见模式有3种，分别是总和分析、按部门分析和按时间分析。

1. 总和分析

通过对行政预算费用的总和分析，可以发现预算费用与实际发生费用之间的差异，找到预算费用和实际发生费用金额差异较大的费用类型，分析和查找存在差异的原因，发现异常，从而解决问题。

例如，某公司某段时期行政费用预算与实际比较如表11-3所示。

表 11-3 某公司某段时期行政费用预算与实际比较

序号	费用类别	预算费用金额	预算费用占比	实际费用金额	实际费用占比
1	办公费用				
2	基建费用				
3	环保费用				
4	车辆费用				
5	食堂费用				
6	住宿费用				
7	零食费用				
8	宣传费用				
9	公关费用				
10	会务费用				
11	招待费用				
12	福利费用				
13	劳保费用				

序号	费用类别	预算费用金额	预算费用占比	实际费用金额	实际费用占比
14	安全费用				
15	差旅费用				
16	固定资产费用				
17	法律事务费用				
18	其他费用				

表11-3中的某段时期可以是月度、季度、半年度或年度。除了分析预算费用的金额外，还应分析预算费用的占比。对于预算费用占比较高的行政费用，行政管理人员应当实施重点分析，日常工作中应予以重点管控和关注。

2.按部门分析

通过比较不同部门行政费用的预算和实际情况，可以发现不同部门对行政费用的管控质量。这不仅可以用来做部门行政费用考核评价，而且可以作为发现部门日常管理问题的方法。

对于情况类似的部门来说，通过对不同部门之间的行政费用进行比较，可以发现行政费用较少的部门，找到行政费用管控的最佳实践，将管理经验总结成方法论或工具，在各部门之间进行推广，有助于降低行政费用。

例如，某公司某段时期不同部门的行政费用比较如表11-4所示。

表11-4 某公司某段时期不同部门的行政费用比较

序号	费用类别	A部门预算费用金额	A部门实际费用金额	B部门预算费用金额	B部门实际费用金额	C部门预算费用金额	C部门实际费用金额
1	办公费用						
2	基建费用						
3	环保费用						
4	车辆费用						
5	食堂费用						
6	住宿费用						
7	零食费用						
8	宣传费用						
9	公关费用						
10	会务费用						

续表

序号	费用类别	A部门预算费用金额	A部门实际费用金额	B部门预算费用金额	B部门实际费用金额	C部门预算费用金额	C部门实际费用金额
11	招待费用						
12	福利费用						
13	劳保费用						
14	安全费用						
15	差旅费用						
16	固定资产费用						
17	法律事务费用						
18	其他费用						

与按照部门分析行政预算费用的原理类似，对于在多个省份、城市或地区设有分部的公司来说，也可以用此分析逻辑比较和分析不同省份、城市或地区的行政费用预算和实际情况的差异，从而判断出哪个省份、城市或地区的行政预算费用管控情况较好，哪个省份、城市或地区的行政预算费用管控情况较差，并分析其原因。

3. 按时间分析

按时间分析是对不同时间段内行政费用预算和实际发展变化情况的对比分析。常见的时间对比分析根据时间段选择的不同可以分成同比分析和环比分析。

同比分析是某个时期与上年同一时期水平的对比之比；环比分析是某个时期与前一时期水平的对比之比。

同比分析的通用公式如下。

同比数量变化 = 本期数据 − 上年同期数据

同比倍数变化 = 本期数据 ÷ 上年同期数据

同比增长率 =（本期数据 − 上年同期数据）÷ 上年同期数据 ×100%

环比分析的通用公式如下。

环比数量变化 = 本期数据 − 上期数据

环比倍数变化 = 本期数据 ÷ 上期数据

环比增长率 =（本期数据 − 上期数据）÷ 上期数据 ×100%

同比分析和环比分析各有优缺点和适用性。同比分析能够消除随季节变化而变化的因素，所以可以从整体上把握事物的发展方向；环比分析能够更细致地反映事物发展的每个阶段。同比分析和环比分析可以同时运用，从多个角度探究事物发展的规律，说服力更强。

例如，某公司某段时期不同部门的行政费用比较如表 11-5 所示。

表 11-5　某公司某段时期不同部门的行政费用比较

序号	费用类别	20×1年1月份预算费用金额	20×1年1月份实际费用金额	20×2年1月份预算费用金额	20×2年1月份实际费用金额	20×1年2月份预算费用金额	20X1年2月份实际费用金额
1	办公费用						
2	基建费用						
3	环保费用						
4	车辆费用						
5	食堂费用						
6	住宿费用						
7	零食费用						
8	宣传费用						
9	公关费用						
10	会务费用						
11	招待费用						
12	福利费用						
13	劳保费用						
14	安全费用						
15	差旅费用						
16	固定资产费用						
17	法律事务费用						
18	其他费用						

行政预算费用分析中的同比一般是当年某段时期与去年同一段时期对比，例如今年1月份与去年1月份对比；行政预算费用分析的环比一般是当月与上月对比，例如今年2月份与今年1月份对比。

11.2 行政费用分析方法

行政相关费用比较繁杂，前文已经介绍过常见的行政管理相关费用。除了从整体上做行政费用的统计和分析之外，还可以对不同类别的相关行政费用做单独的统计分析，比较常见的可以放在一起统计的行政费用包括工资福利费用、车辆油卡费用、办公用品费用、教育培训费用、业务招待费用、差旅会务费用、租赁物业费用、通信快递费用、服务外包费用和文化宣传费用。

11.2.1 工资福利费用统计与分析

在工资福利费用情况的统计分析中，最重要的 3 类信息分别是实发工资金额、实发工资人数和人均工资。通过对这类信息做同比或环比的比较分析，能够看出每月工资发放的变化情况。例如，某公司每月薪酬发放情况分析如表 11-6 所示。

根据表 11-6 中的数据，能够看出月度实发工资和实发工资人数环比或同比的增加或减少情况。比如，B 公司工资环比下降是因为 11 月的薪酬已经不包含高温补贴，并且新增加的员工本月出勤比较少，即使有国庆节工资翻倍，但仍然导致人员增长工资反而环比下降了 0.04%。

对于一个经营平稳的公司来说，由于节假日天数的不同和一些法定津贴发放时限规定的不同，每月的薪酬发放情况随月份的变化环比会出现一定的变化，但这种变化的幅度一般不会太大。如果环比有超过 10% 的薪酬变化情况，尤其是当出现 10% 的薪酬增加时，公司就应当注意。

工资发放情况与同比数据之间的变化情况除了与人员数量的增长有关之外，还与员工的工资增长有关。在不同的分公司，对实发工资的同比情况、实发工资人数的同比情况和人均工资的同比情况之间的比较能够反映出公司的经营管理情况。

A 公司实发工资的人数与去年同期相比增长了 12.09%，人均工资与去年同期相比增长了 12.64%，这两项数据直接导致 A 公司实发工资与去年同期相比增长了 26.25%。这说明 A 公司增加了员工的薪酬水平、增加了人数，造成了薪酬支出的较高增长。下一步，应当分析 A 公司薪酬支出的增长有没有换来业绩的相应提升。

表11-6 某公司每月工资发放情况分析样表

分公司	实发工资（元）					实发工资人数（人）					人均工资（元/人）				
	20×2年11月	20×2年10月	环比	20×1年11月	同期比较	20×2年11月	20×2年10月	环比	20×1年11月	同期比较	20×2年11月	20×2年10月	环比	20×1年11月	同期比较
A	1 203 761	1 180 276	1.99%	953 505	26.25%	343	321	6.85%	306	12.09%	3 510	3 677	-4.54%	3 116	12.64%
B	2 205 375	2 206 236	-0.04%	2 145 323	2.80%	624	580	7.59%	603	3.48%	3 534	3 804	-7.10%	3 558	-0.67%
C	641 565	675 082	-4.96%	586 619	9.37%	159	161	-1.24%	161	-1.24%	4 035	4 193	-3.77%	3 644	10.73%

B公司实发工资人数与去年同期相比增长了2.8%，人均工资与去年同期相比却下降了0.67%，导致实发工资与去年同期相比增长了3.48%。这说明B公司没有增加员工的薪酬水平，在人数上有小幅度增长，造成薪酬支出小幅度增长。不增加员工的薪酬水平，能够有效控制成本，但可能会降低员工的工作积极性。

C公司实发工资的人数与去年同期相比下降了1.24%，人均工资与去年同期相比增加了10.73%，导致实发工资与去年同期相比增长了9.37%。这说明C公司增加了员工的薪酬水平，但没有增加员工的人数，造成薪酬支出有所增长。当公司有序经营，利润平稳增长时，每年适度增加员工的薪酬，有助于鼓舞员工的士气，有助于提高劳动效率。

假如，A、B、C三家子公司当前的经营业绩与去年同期相比平稳保持在增长10%的水平，在不考虑其他因素的情况下，从薪酬发放情况的分析看，C公司是相对"最健康"的状况；A公司和B公司都比较"不健康"。

除了分析工资发放情况之外，还可以分析五险一金的发放情况。五险一金指的是五类社会保险（养老保险、医疗保险、失业保险、工伤保险、生育保险）和住房公积金。它是一种国家法定福利，公司应当及时、足额为员工缴纳五险一金。五险一金的变化情况一般与政策的变化、员工人数的变化、员工薪酬水平的变化、企业制度的变化等因素有关。

例如，某公司每月五险一金的发放情况分析如表11-7所示。

企业对每月发放五险一金情况分析的主要目的是发现异常，而不是努力减少发放。节省人力成本的方式有很多，鉴于五险一金的法定属性，不建议企业减少对员工五险一金的发放。

11.2.2 车辆油卡费用统计与分析

常见对车辆油卡费用的统计与分析包括对企业车队费用的统计分析和各部门每月用车情况的统计分析两部分。

1. 车队费用统计分析

通过对车队费用的统计分析，能够发现车队管理中存在的问题，精细化车队管理，进而减少车队车辆的运营费用。

车队费用统计分析的费用类型包括车辆的保险费用、加油费用、过路费用、维修保养费用等。例如，某公司在20×1年半年内的车队费用统计如表11-8所示。

表 11-7　某公司每月五险一金发放情况分析样表

分公司	20×2 年 11 月缴纳额（元）			20×2 年 10 月缴纳额（元）			环比			20×1 年 11 月缴纳额（元）			同比		
	五险	公积金	合计	五险	公积金	合计	五险	公积金	合计	五险	公积金	合计	五险	公积金	合计
A	531 991.43	197 200.48	729 191.91	532 281.10	197 262.88	729 543.98	-0.05%	-0.03%	-0.05%	458 315.59	188 872.48	647 188.07	16.08%	4.41%	12.67%
B	709 248.98	260 824.00	970 072.98	671 564.24	247 137.60	918 701.84	5.61%	5.54%	5.59%	628 776.35	252 588.80	881 365.15	12.80%	3.26%	10.06%
C	198 476.77	72 068.80	270 545.57	198 476.77	72 068.80	270 545.57	0.00%	0.00%	0.00%	182 597.49	72 294.40	254 891.89	8.70%	-0.31%	6.14%

表 11-8 某公司在 20×1 年半年内的车队费用统计

20×1～1～6 月份车队费用统计	费用（万元）
车辆保险费	6.7
A 区域固定加油	8.2
B 区域固定加油	16.2
车辆出差加油	8.1
货车过路费	5.3
维修保养费	7.5
公费车费用	5.4
ETC 充值（小车）	2.4
总额	59.8

2. 各部门每月用车情况的统计分析

通过对各部门用车费用情况的统计分析，能够发现各部门车辆使用中存在的问题，进一步针对问题予以调整改善，从而减少各部门的用车费用。

例如，某公司各部门在 20×1 年半年内的用车费用统计分析如表 11-9 所示。

表 11-9 某公司各部门半年内用车费用统计（单位：元）

	20×1 年 1 月	20×1 年 2 月	20×1 年 3 月	20×1 年 4 月	20×1 年 5 月	20×1 年 6 月
A 部门	60 380	51 935	53 860	57 300	57 290	51 870
B 部门	29 330	19 010	22 480	26 650	27 710	19 790
C 部门	1 350	9 270	12 490	7 720	49 800	6 030
D 部门	10 480	4 380	4 350	4 440	7 420	5 900
E 部门	11 060	18 350	9 300	15 900	15 160	11 430
F 部门	5 340	570	2 130	5 340	2 090	690
总额	117 940	103 515	104 610	117 350	159 470	95 710

从横向看表 11-9 的数据，能够看出有的部门在 20×1 年 1～6 月份的用车费用变化比较平缓，每月的用车数量比较平均，例如 A 部门每月的用车费用比较接近；有的部门在 20×1 年 1～6 月份中，有一些月份的用车费用比较异常，

例如 C 部门在 5 月份的用车费用明显异常。

　　每月用车费用变化不大的部门只是代表该部门用车情况比较固定，不代表一定没问题。对于每月用车费用存在较大变化的部门，可以审视其业务和用车的关系。某月份的用车费用高不一定代表有问题，但假如在该月份中别的部门也需要大量用车，可能造成车辆无法满足各部门需求的情况。所以最好保持各部门在各月份的用车费用平稳均等。

　　从纵向看表 11-9 的数据，能够看出 A 部门是所有部门中用车费用最高的部门，F 部门是所有部门中用车费用最低的部门。此时可以审视：A 部门的费用是合理的吗？有没有可能减少？F 部门的费用为什么比较低？是因为业务少，还是有某种管控方法？

11.2.3　办公用品费用统计与分析

　　办公用品费用是企业日常办公中发生耗损比较频繁的费用。如果管控不到位，可能出现浪费，造成行政费用超标。对办公用品费用类别的统计分析可以分成低值易耗品费用、计算机耗材费用、打印纸费用、书报费用、文具费用、印刷品费用和办公用品维修费用。

　　对办公用品费用的统计和分析一般按部门和时间进行。

　　按部门统计分析办公用品费用举例，某公司在某段时期各部门办公用品费用情况分析如表 11-10 所示。

表 11-10　某公司在某段时期各部门办公用品费用情况分析

费用明细	A 部门	B 部门	C 部门	D 部门
低值易耗品费用				
计算机耗材费用				
打印纸费用				
书报费用				
文具费用				
印刷品费用				
办公用品维修费用				

　　按时间统计分析办公用品费用举例，某公司每月办公用品费用情况分析如表 11-11 所示。

表 11-11　某公司每月办公用品费用统计分析

费用明细	20×2年1月份费用	20×1年1月份费用	20×2年2月份费用	20×1年2月份费用
低值易耗品费用				
计算机耗材费用				
打印纸费用				
书报费用				
文具费用				
印刷品费用				
办公用品维修费用				

办公用品费用的分析并不难，通过对同比、环比、数量和比率等的对比分析后，企业就可以发现办公用品使用的异常情况。办公用品管控的难点主要是发现问题后，如何实施管控。

要管控办公用品费用，可以从如下维度入手。

1. 规范流程

规范办公用品的申请流程，规定拥有比较高权限的管理者才有资格在每月的固定时间申领办公用品。

2. 限量供给

根据历史数据，规定各部门办公用品的申领上限。超过办公用品的申领上限后，就需要找更高层的管理者审批。

3. 鼓励节约

在企业内部倡导节约文化，例如，鼓励内部使用的打印纸双面打印，或争取无纸化办公。管理者应以身作则，做好节约的典范。

4. 批评惩罚

对于不节约的行为，管理者和行政管理人员应适时批评指正。对于比较严重的浪费行动，可以实施适度惩罚，例如通报批评。

11.2.4　教育培训费用统计与分析

教育培训费用与企业人才的成长息息相关。通过教育培训，人才的能力得以提高，工作效率得以提升，从而促进绩效水平的提升。

教育培训费用的类型包括内部培训费用、外部培训费用、图书费用、线上课程费用和拓展训练费用。比较常见的对教育培训费用的统计分析是按照部门和时间进行对比分析。

按部门统计分析教育培训费用举例，某公司某时期各部门教育培训费用比较如表11-12所示。

表11-12　某公司某时期各部门教育培训费用比较

费用明细	A部门	B部门	C部门	D部门	E部门
内部培训费用					
外部培训费用					
图书费用					
线上课程费用					
拓展训练费用					

通常情况下，教育培训费用不仅与部门的工作性质有关，也和每个部门的人数有关。在不同部门间，工程技术导向的部门和管理者较多的部门，教育培训费用应当相应较高。在相同部门间，人均教育培训费用应相似，此时人数越多的部门，教育培训费用应当越高。

如果按部门统计分析教育培训费用时没有出现以上规律，则通常代表企业的教育培训费用支出存在问题，问题通常出在各部门管理者对教育培训的重视程度不同，有的管理者重视教育培训，有的管理者则不重视。

按时间统计分析业务招待费用举例，某公司每年教育培训费用比较如表11-13所示。

表11-13　某公司每年教育培训费用比较

费用明细	20×1年	20×2年	20×3年	20×4年	20×5年
内部培训费用					
外部培训费用					
图书费用					
线上课程费用					
拓展训练费用					

教育培训费用如果逐年增长不一定是坏事，因为这可能代表员工的能力得以提升，绩效得到提高；但也不一定是好事，因为假如教育培训费用逐年增长，但员工的能力没有得到提升，绩效没有明显改善，那这种费用支出则可能是无效的。

当然，员工能力是否提升和绩效是否提高并非判断教育培训费用支出是否有效的唯一标准，因为企业每年都有新员工，对新员工的培养本身就需要花费特定的教育培训费用。另外，企业要开阔员工眼界，扩展员工思维，提升员工认知,同样需要花费教育培训费用,这些事项有助于丰富员工的思想,留住员工,不一定全部体现在工作能力和绩效水平上。

因此,对教育培训费用的评价,不能简单地以金额多少来评判,而应根据实际情况,评判每笔费用的支出原因。

11.2.5　业务招待费用统计与分析

因为灵活性比较大,业务招待费用是企业中比较容易出问题的行政费用。很多部门有大量业务招待需求,行政管理人员很难逐一确认业务部门的每项业务招待需求,加上业务招待费用通常涉及金额不小,如果管控不当,可能存在很多问题。

业务招待费用的类型一般包括餐食费用、住宿费用、礼券费用、香烟费用、酒费用。比较常见的对业务招待费用的统计分析是按照部门和时间进行对比分析。

按部门统计分析业务招待费用举例,某公司某时期各部门业务招待费用比较如表 11-14 所示。

表 11-14　某公司某时期各部门业务招待费用比较

费用明细	A 部门	B 部门	C 部门	D 部门
餐食费用				
住宿费用				
礼券费用				
香烟费用				
酒费用				

一般来说,与外部联络越紧密的部门,业务招待费用应当越高;与业绩相关性越高的部门,业务招待费用应当越高;越贴近市场的部门,业务招待费用应当越高。但如果某个非核心部门的业务招待费用比较高或逐年升高,则可能是释放问题的信号。

例如笔者曾经服务的一家企业,其某部门的业务招待费用不仅比很多平级部门高,而且有逐年升高的趋势。经查,发现是该部门负责人利用职务之便,到了节日就打着拜访客户的幌子,私吞礼品券,再拿到市场上低价卖出。

另外,那些理应业务招待费用较高的部门,不一定业务招待费用就应该持续保持在较高水平,也不一定代表没有问题。行政管理人员要评估业务招待费用的合理性,做好定期的抽检和核查工作,发现问题及时处理。

按时间统计分析业务招待费用举例,某公司每月业务招待费用比较如表

11-15 所示。

表 11-15　某公司每月业务招待费用比较

费用明细	20×2 年 1 月份费用	20×1 年 1 月份费用	20×2 年 2 月份费用	20×1 年 2 月份费用
餐食费用				
住宿费用				
礼券费用				
香烟费用				
酒费用				

11.2.6　差旅会务费用统计与分析

差旅会务费用与业务招待费用类似，是与业务和市场息息相关的费用。

差旅会务费用的类型可以包括交通费用、差旅费用和会务费用。假如期望发现细分费用的问题，可以对费用做进一步细分。

（1）根据选择交通工具的不同，交通费用可以拆分成机票费用、高铁费用、出租车费用、地铁费用、轮渡费用、长途汽车费用、公交车费用等。

（2）根据差旅过程中费用发生的方式不同，差旅费用可以拆分成住宿费用、餐食费用、差旅保险费用等。

（3）根据举办会务过程中发生费用的类别，会务费用可以拆分成会场租赁费用、来宾交通费用、来宾餐饮费用等。

不同企业对费用定义和分析的维度不同，有的企业把交通费用和差旅费用合并为一种费用，或者直接用相关细分费用分析也是可以的。

比较常见的对差旅会务费用的统计分析是按照部门和时间进行对比分析。

按部门统计分析差旅会务费用举例，某公司某时期各部门差旅会务费用比较如表 11-16 所示。

表 11-16　某公司某时期各部门差旅会务费用比较

费用明细	A 部门	B 部门	C 部门	D 部门
交通费用				
差旅费用				
会务费用				

按时间统计分析差旅会务费用举例，某公司每年差旅会务费用比较如表
11-17 所示。

表 11-17　某公司每年差旅会务费用比较

费用明细	20×1 年	20×2 年	20×3 年	20×4 年
交通费用				
差旅费用				
会务费用				

相比业务招待费用，差旅会务费用出现腐败问题的空间和可能性较小，但
可能出现费用浪费现象。例如，明明坐地铁时间更短、费用更低，员工却选择
乘坐出租车；明明坐高铁和飞机的时间相似，高铁的准时率更高、费用更低，
员工却选择乘坐飞机。

行政管理人员发现差旅会务费用异常后，要从完善差旅会务流程和制度的
角度，从源头杜绝问题再次发生。

11.2.7　租赁物业费用统计与分析

租赁物业费用是相对比较固定的费用，正常情况下波动的空间较小。

租赁物业费用的类型一般包括租金费用、物业管理费用、水费、电费。比
较常见的租赁物业费用的统计分析是按照部门和时间进行对比分析。

按部门统计分析租赁物业费用举例，某公司某时期各部门租赁物业费用比
较如表 11-18 所示。

表 11-18　某公司某时期各部门租赁物业费用比较

费用明细	A 部门	B 部门	C 部门	D 部门
租金费用				
物业管理费用				
水费				
电费				

按时间统计分析租赁物业费用举例，某公司每年租赁物业费用比较如表
11-19 所示。

表 11-19　某公司每年租赁物业费用比较

费用明细	20×1 年	20×2 年	20×3 年	20×4 年
租金费用				
物业管理费用				
水费				
电费				

租赁物业费用中的租金费用和物业管理费用是相对比较固定的费用，行政管理人员可以通过谈判，尝试压缩这部分费用。

租赁物业费用中与日常管理相关性较大，最容易出问题的费用一般是水费和电费，尤其是电费。员工的工作习惯，直接决定了企业水费和电费的耗损。

要管控水费，行政管理人员可以从如下角度入手。

（1）在用水器物边上增加标语提醒，提醒员工养成节约用水的好习惯。

（2）定期检查管道是否有破旧、漏水的情况，及时修缮。

（3）定期检查马桶是否有漏水现象，及时处理。

要管控电费，行政管理人员可以从如下角度入手。

（1）规定空调、电热器等大功率电器的使用规范，并监督检查。

（2）每个部门养成下班后关闭一切电器的习惯，并每天检查。

（3）定期检查是否存在"偷电""漏电"的情况。

11.2.8　通信快递费用统计与分析

通信快递费用通常是企业中变化幅度不大、重要性相对较低的费用类型，但不代表可以忽略。

通信快递费用的分析类型包括固定电话费用、手机费用、网络费用和快递费用。比较常见的通信快递费用的统计分析是按照部门和时间进行对比分析。

按部门统计分析通信快递费用举例，某公司某时期各部门通信快递费用比较如表 11-20 所示。

表 11-20　某公司某时期各部门通信快递费用比较

费用明细	A 部门	B 部门	C 部门	D 部门
固定电话费用				
手机费用				
网络费用				
快递费用				

按时间统计分析通信快递费用举例，某公司每月通信快递费用比较如表 11-21 所示。

表 11-21　某公司每月通信快递费用比较

费用明细	20×2年1月份费用	20×1年1月份费用	20×2年2月份费用	20×1年2月份费用
固定电话费用				
手机费用				
网络费用				
快递费用				

随着网络技术的发展，视频会议、网络通话等沟通方式不再需要花费电话费，转而需要花费网络费用。网络费用是相对固定的，要节省通信费用，行政管理人员可以鼓励员工运用网络沟通。

要节省快递费用，可以整合各部门单独发快递的数量，采取招投标形式，与特定的一家或少数几家快递公司签订长期合作的协议价格。

11.2.9　服务外包费用统计与分析

服务外包费用的分析类型可以包括网站费用、软件服务费、外包保洁费用、外包保安费用和管理咨询费。比较常见的服务外包费用的统计分析是按照部门和时间进行对比分析。

按部门统计分析服务外包费用举例，某公司某时期各部门服务外包费用比较如表 11-22 所示。

表 11-22　某公司某时期各部门服务外包费用比较

费用明细	A 部门	B 部门	C 部门	D 部门
网站费用				
软件服务费				
外包保洁费用				
外包保安费用				
管理咨询费				

按时间统计分析服务外包费用举例，某公司每年服务外包费用比较如表 11-23 所示。

表 11-23　某公司每年服务外包费用比较

费用明细	20×1年	20×2年	20×3年	20×4年
网站费用				
软件服务费				
外包保洁费用				
外包保安费用				
管理咨询费				

要减少服务外包费用，可以通过招投标的方式，比较多家外包服务商的价格和质量，选择质优价廉的外包服务商合作。

需要注意的是，价格低和服务好之间往往是矛盾的。要追求比较好的服务水平，价格就不一定低；要追求比较低的价格，服务就不一定好。行政管理人员要平衡价格和服务之间的矛盾，选择适合企业需求的外包服务商。

11.2.10　文化宣传费用统计与分析

文化宣传活动是传播企业文化、宣传企业价值观、传达企业信息的方式。

文化宣传费用的分析类型一般包括文化活动费用、公益活动费用、宣传活动费用和党建活动费用。比较常见的文化宣传费用的统计分析是按照部门和时间进行对比分析。

按部门统计分析文化宣传费用举例，某公司某时期各部门文化宣传费用比较如表 11-24 所示。

表 11-24　某公司某时期各部门文化宣传费用比较

费用明细	A 部门	B 部门	C 部门	D 部门
文化活动费用				
公益活动费用				
宣传活动费用				
党建活动费用				

按时间统计分析文化宣传费用举例，某公司每年文化宣传费用比较如表 11-25 所示。

表 11-25　某公司每年文化宣传费用比较

费用明细	20×1 年	20×2 年	20×3 年	20×4 年
文化活动费用				
公益活动费用				
宣传活动费用				
党建活动费用				

文化宣传活动费用不能省，但可以在组织单个活动时，避免浪费，尽可能用最低的成本完成活动。例如活动用的鲜花，可以用假花代替，不仅费用更低，而且可以多次利用；每年举办的活动形式可以类似，在活动细节上创新，这样活动的物资设备可以重复利用。